VEGAN Food Love

Mit Liebe zum Detail

Bianca Zapatka

VEGAN Food Love

Linsen-Kürbis-Chili

Kürbis-Quinoa-Burger

Japchae – Glasnudelsalat

Blätterteigstangen

Kürbis-Flammkuchen

Grießbrei mit Himbeersauce

Himbeer-Schoko-Tarte

Lasagne

Süßkartoffel-Buddha-Bowl

Inhalt

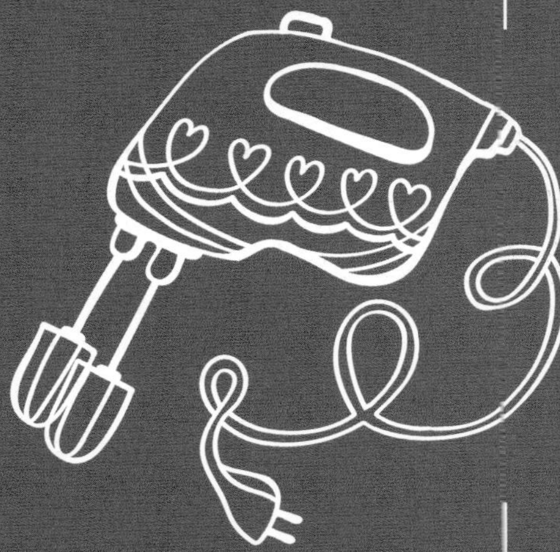

Vegane Gerichte zum Verlieben

Essen ist für mich ein Herzensthema. Jedes Gericht, das mit viel Liebe zubereitet wird, schmeckt einfach viel besser! Liebe ist für mich die wichtigste Zutat, die jedes Essen verfeinern kann.

Nicht ohne Grund heißt es: „Liebe geht durch den Magen." Durch ein Essen, das man für jemanden zubereitet, kann man seine Zuneigung und Wertschätzung zeigen oder sogar intensivieren. Ich bin auch von der Lebensweisheit „Wer Liebe verschenkt, bekommt auch Liebe zurück" überzeugt. Kochen und Backen kann Zeit und Mühe kosten, aber für mich steckt darin auch immer die Vorfreude auf den gemeinsamen Genuss mit Menschen, die von meinen leckeren veganen Gerichten und süßen Köstlichkeiten begeistert sind.

Außerdem verwende ich viel Zeit aufs Anrichten, Garnieren und Präsentieren, denn das Auge isst bekanntlich mit. Für mich ist es immer wieder eine Freude zu sehen, wie hübsch und liebevoll sich ein Rezept am Ende auf dem Teller präsentiert, und wie schön es ist, an einem mit Liebe dekorierten Tisch zu sitzen.

Die Begeisterung beim Kochen ist bei mir nicht nur Ausdruck der Liebe zu anderen Menschen, sondern auch Wertschätzung allen anderen Lebewesen gegenüber. Deswegen verzichte ich bei meinen Gerichten auf alles, was nicht rein pflanzlich ist. Mit kreativen Ideen, gutem Gespür und etwas Raffinesse – oder einfach mit einem tollen Rezept – lassen sich nahezu alle kulinarischen Highlights ganz leicht vegan zubereiten. Auf diese Weise macht jede Mahlzeit die Welt auch ein Stück besser und nachhaltiger.

So ist dieses Buch „Vegan Food Love" entstanden. Jedes einzelne Rezept ist mit viel Liebe für dich kreiert, um dir die vegane Küche schmackhafter zu machen und dich für vegane Rezepte zu begeistern.

Ich wünsche dir viel Freude beim Kochen und Backen und hoffe, dass die Rezepte deinen Liebsten und dir gefallen!

In Liebe, deine Bianca

Hörnchen
(Rezept siehe Seite 13)

Frühstück

Frühstück

BIANCA
ZAPATKA

Hörnchen

Vorbereitungszeit: 5 Minuten
Zubereitungszeit: 30 Minuten + 75 Minuten Ruhezeit + 15–20 Minuten Backzeit

Zutaten für 16 Stück

120 ml ungesüßte Sojamilch (oder andere Pflanzenmilch)
21 g frische Hefe (½ Würfel; oder 7 g Trockenhefe)
50 g Rohrohrzucker (oder anderer Zucker)
500 g Weizenmehl Type 405 oder Dinkelmehl Type 630 (oder glutenfreies Mehl)
1 TL Salz
160 g zimmerwarmer Sojajoghurt Natur (oder anderer veganer Joghurt)
50 g Albaöl (oder anderes Pflanzenöl, weiche Margarine oder vegane Butter) + etwas mehr zum Einfetten
1 TL Vanilleextrakt (optional)
2–3 EL Soja-Cuisine (oder andere ungesüßte Pflanzensahne, -milch) zum Bestreichen
1 Prise gemahlene Kurkuma (optional für die Farbe)

Nach Belieben zum Toppen

Mohnsaat (oder andere Saaten oder Kerne) zum Bestreuen

Nährwerte pro Stück: 162 kcal (F 4 g · KH 26 g · EW 4 g)
optional glutenfrei (mit glutenfreiem Mehl)

1 Die **Sojamilch** handwarm (etwa 32–35 °C) erwärmen. Dann die **Hefe** hineinbröseln, 1 EL von dem **Zucker** hinzugeben und mit dem Schneebesen verrühren, bis sich die Hefe aufgelöst hat. Anschließend etwa 3 Minuten beiseitestellen, bis die Mischung beginnt zu schäumen (so weiß man, dass die Hefe arbeitet und funktioniert). 2 In einer großen Schüssel **Mehl, Salz** und restlichen **Zucker** vermischen. In die Mitte eine Mulde drücken und den **Sojajoghurt** mit **Öl, Vanilleextrakt** und Hefemischung hineingeben. Dann von außen mit einem Holzlöffel einarbeiten, bis sich alles verbunden hat. Nun alles mit dem Knethaken einer Küchenmaschine (oder mit den Händen) 5–8 Minuten kneten, bis ein geschmeidiger Teig entsteht. 3 Den Teig etwas **einölen,** die Schüssel mit einem Deckel (oder Frischhaltefolie) abdecken und den Teig etwa 45 Minuten an einem warmen Ort gehen lassen, bis sich das Teigvolumen verdoppelt hat. (Wer die Hörnchen erst am nächsten Tag backen möchte, kann den Teig anschließend über Nacht in den Kühlschrank stellen.) 4 Den aufgegangenen Teig auf der Arbeitsfläche nochmals kurz durchkneten und dann halbieren. Eine Hälfte wieder in die Schüssel legen, abdecken und beiseitestellen. Die andere Hälfte zu einem 5–8 mm dicken Kreis ausrollen und mit einem Pizzaschneider oder scharfen Messer in acht „Pizzastücke" schneiden. 5 Jedes Stück von der breiten Seite her bis zur Spitze hin aufrollen und zu Hörnchen biegen. Mit genügend Abstand auf ein mit Backpapier ausgelegtes Backblech setzen und nochmals 30 Minuten abgedeckt gehen lassen (damit die Teiglinge nicht zu trocken werden, kann man sie mit etwas Wasser besprühen). Diesen Vorgang mit dem zweiten Teigstück wiederholen. 6 Inzwischen den Backofen auf 180 °C Ober-/Unterhitze vorheizen. 7 Die Hörnchen

Fortsetzung auf Folgeseite

Fortsetzung

Hörnchen

mit **Soja-Cuisine** (optional mit **Kurkuma** verrührt) bestreichen (damit sie später schön goldgelb sind und glänzen), nach Belieben mit **Mohnsaat** oder **Kernen** bestreuen und im vorgeheizten Ofen 15–20 Minuten backen. Anschließend abkühlen lassen und genießen.

Tipps ● Mehl: Für fluffige Hörnchen empfehle ich helles Weizen- oder Dinkelmehl. Wenn man ein schwereres Mehl wie Vollkornmehl verwendet, werden die Hörnchen kompakter und gehen nicht so gut auf. Eine Mischung aus hellem Mehl und Vollkornmehl wäre dann schon besser. ● Zucker: Man kann jede beliebige Zuckersorte verwenden. ● Sojamilch, Sojasahne (Soja-Cuisine) und Sojajoghurt eignen sich am besten für veganes Backen. Allergiker können gern andere pflanzliche Produkte nehmen. ● Füllung: Wer möchte, kann die Hörnchen auch mit Schokolade, Vanillepudding oder Marmelade füllen oder einige Schoko-Drops oder Rosinen in den Teig kneten. ● Süßer Aufstrich: Rote Grütze (siehe Seite 207) eignet sich sehr gut als gesündere Alternative zu Konfitüre.

Erdnussbutter-Schoko-Bananenbrot

Vorbereitungszeit: 5 Minuten
Zubereitungszeit: 15 Minuten + ca. 55 Minuten Backzeit

Zutaten für ca. 14 Scheiben

Kokosöl oder vegane Butter
300 g Weizenmehl Type 405 oder Dinkelmehl Type 630 (oder glutenfreies Mehl)
2 TL Backpulver
1 TL Natron
1 Prise Salz
2 große reife Bananen (oder 3 mittelgroße; geschält ca. 350 g)
85 g Erdnussmus (oder anderes Nussmus)
80 ml ungesüßte Pflanzenmilch (nach Bedarf etwas mehr)
60 g Ahornsirup (oder anderer Sirup)
1 EL Apfelessig (oder 2 EL Zitronensaft)
3 EL Kakaopulver (20 g)
4–5 EL heißer gebrühter Kaffee (oder Pflanzenmilch)
100 g vegane Schoko-Drops

Außerdem
Kastenbackform (25 × 11 cm)

Nährwerte pro Scheibe: 279 kcal (F 13 g · KH 27 g · EW 9 g)
optional glutenfrei (mit glutenfreiem Mehl)

(1) Den Backofen auf 180 °C Ober-/Unterhitze vorheizen. Die Kastenform leicht **einfetten** und mit Backpapier auslegen. (2) In einer Rührschüssel **Mehl, Backpulver, Natron** und **Salz** mit einem Schneebesen vermischen. (3) Die **Bananen** schälen, mit einer Gabel zerdrücken, in einen Messbecher geben und mit **Erdnussmus, Pflanzenmilch, Ahornsirup** und **Apfelessig** verrühren. (4) Die Bananenmischung nun zur Mehlmischung geben und alles mit einem Teigschaber kurz zu einem Teig verrühren (bei Bedarf etwas mehr **Pflanzenmilch** hinzugeben). (5) Die Hälfte des Teigs in eine zweite Schüssel geben. In einer Tasse **Kakaopulver** und heißen **Kaffee** (oder **Pflanzenmilch)** glatt rühren und unter den Teig heben. Zuletzt noch die Hälfte der **Schoko-Drops** unterrühren. (6) Die Hälfte des hellen Teigs in die vorbereitete Backform geben. Dann die Hälfte des Schokoteigs darüberklecksen. Diesen Vorgang mit dem restlichen Teig wiederholen und danach die Form einige Male auf die Arbeitsfläche klopfen, sodass die Teigoberfläche glatt wird. (7) Zuletzt mit einem Messer oder Holzspieß durch den Teig fahren, sodass eine Marmorierung entsteht. Die restlichen **Schoko-Drops** auf dem Teig verteilen, in den vorgeheizten Ofen geben und etwa 55 Minuten backen (ein hineingestochener Holzspieß sollte wieder fast sauber herauskommen). Wer das Brot saftig mag, sollte es nicht zu lange backen, sonst wird es trocken und krümelig. (8) Dann etwa 30 Minuten abkühlen lassen, vorsichtig mithilfe des überstehenden Backpapiers aus der Form heben und vollständig auskühlen lassen (sobald das Bananenbrot erkaltet ist, kann man es besser schneiden; frisch gebacken ist es nämlich noch sehr weich und fluffig).

Tipps ● Glutenfrei: Wer sich glutenfrei ernährt, kann eine glutenfreie Mehlmischung 1:1 nehmen. ● Vollkorn: Dieses Rezept gelingt auch mit Vollkornmehl, das Brot wird dann

Fortsetzung auf Folgeseite ▶

Fortsetzung

Erdnussbutter-Schoko-Bananenbrot

aber kompakter. Eine Mischung aus Auszugs- und Vollkornmehl eignet sich am besten, wobei etwas mehr Pflanzenmilch benötigt wird. ● Erdnussmus: Dieses lässt sich durch anderes Nussmus wie Mandel-, Cashew- oder Haselnussmus ersetzen. ● Sirup: Anstelle von Ahornsirup kann man Agaven-, Dattel-, Reis- oder Kokosblütensirup nehmen. Auch Rohrzucker oder normaler weißer oder brauner Zucker ist möglich. ● Ohne Schoko: Das Bananenbrot kann man auch ohne Schoko herstellen. Hierfür einfach Schritt 5 mit Kakaopulver, Kaffee und Schoko-Drops überspringen und nur den hellen Bananenteig backen. ● Aufbewahrung: Das Bananenbrot hält sich verpackt und im Kühlschrank aufbewahrt etwa 4–5 Tage und kann auch in Scheiben geschnitten 1–2 Monate eingefroren werden. Vor dem Verzehr die Scheiben wenige Sekunden in der Mikrowelle erhitzen. Dadurch wird es wieder schön weich und saftig – wie frisch gebacken! ● Bananen-Muffins: Den hellen und dunklen Teig wie oben angegeben in die mit Papierförmchen ausgelegten Mulden einer 12er-Muffinform füllen und etwa 25 Minuten bei gleicher Temperatur backen.

Müsli-Kekse

Vorbereitungszeit: 5 Minuten
Zubereitungszeit: 8 Minuten + 15–17 Minuten Backzeit

Zutaten für 12 Stück

1 große Banane (geschält 130 g; oder Apfelmark)
50 g Ahornsirup
1 ½ EL Kokosöl
120 g zarte Haferflocken
20 g Dinkel- oder Weizenvollkornmehl (oder glutenfreies Mehl)
1 Prise Salz
1 TL gemahlener Zimt
50 g gemischte Nüsse (z. B. Walnüsse, Mandeln, Haselnüsse, Cashewkerne), gehackt
20 g Kerne (z. B. Kürbis- oder Sonnenblumenkerne)
10 g Saaten (z. B. Sesamsamen)
50 g Rosinen (oder andere Trockenfrüchte wie Cranberrys, Kirschen oder gehackte Datteln, Aprikosen etc.)

Nährwerte pro Stück: 132 kcal (F 6 g · KH 15 g · EW 3 g)
optional glutenfrei (mit glutenfreiem Mehl), frei von raffiniertem Zucker

❶ Den Backofen auf 180 °C Ober-/Unterhitze (oder 160 °C Umluft) vorheizen und ein Backblech mit Backpapier auslegen. ❷ Die **Banane** schälen und in einer großen Schüssel mit einer Gabel fein zerdrücken. **Ahornsirup** und **Kokosöl** hinzugeben und verrühren. ❸ **Haferflocken, Mehl, Salz, Zimt, Nüsse, Kerne, Saaten** und **Rosinen** hinzufügen und alles gut vermengen. ❹ Mit den Händen zwölf etwa 40 g große Kugeln formen und flach drücken, sodass schöne Plätzchen entstehen. Dann auf das vorbereitete Blech setzen und im vorgeheizten Ofen 15–17 Minuten backen. ❺ Die Müsli-Kekse auf dem Blech abkühlen lassen.

Tipp ● Die Kekse halten sich in einer Keksdose 5–7 Tage.

Baked Oatmeal

Vorbereitungszeit: 5 Minuten
Zubereitungszeit: 5 Minuten + 20–25 Minuten Backzeit

Zutaten für 2 Portionen
Kokosöl oder vegane Butter
120 g feine Haferflocken
1 TL Backpulver
1 reife Banane (geschält ca. 120 g; oder Apfelmark oder Kürbispüree aus der Dose oder selbst gemacht; siehe Seite 128)
240 ml ungesüßte Pflanzenmilch (Sorte nach Belieben)
1 TL Vanilleextrakt (oder ¼ TL gemahlene Bourbon-Vanille; optional)
1 TL gemahlener Zimt (optional)

Toppings nach Wahl
100 g Blaubeeren (oder anderes Obst nach Belieben), abgebraust, abgetropft
2 EL gehobelte Mandeln (oder andere gehackte Nüsse oder vegane Schoko-Drops)
2 TL Kokosblütenzucker (optional zum Bestreuen)

Außerdem
2 kleinere oder 1 größere Back- oder Auflaufform

Nährwerte pro Portion: 342 kcal (F 7 g · KH 59 g · EW 9 g)
glutenfrei, frei von raffiniertem Zucker

(1) Den Backofen auf 180 °C Ober-/Unterhitze vorheizen und zwei kleine oder eine größere Backform **einfetten.** (2) **Haferflocken, Backpulver, Banane, Pflanzenmilch, Vanilleextrakt** und **Zimt** in einen Mixer geben und pürieren. (3) Den Teig in die vorbereitete Form oder vorbereiteten Formen füllen und nach Belieben mit **Blaubeeren, Mandeln, Kokosblütenzucker** oder anderen Toppings garnieren. (4) Im vorgeheizten Backofen 20–25 Minuten backen (kleine Formen sind 5 Minuten schneller fertig; noch kleinere Portionen oder eine flache große Form sind auch meist schneller fertig). (5) Dann herausnehmen, kurz abkühlen lassen und genießen.

Tipps ● Süße: Wer das Baked Oatmeal süßer mag, kann 1–2 EL Ahornsirup oder einen anderen Sirup oder Zucker nach Wahl hinzufügen. ● Nussmus: Für mehr Geschmack noch 2 EL Nussmus (zum Beispiel Erdnuss-, Haselnuss-, Cashew- oder Mandelmus) einarbeiten. ● Schoko-Version: 1–2 EL Kakaopulver plus einen kleinen Schluck mehr Pflanzenmilch und ein paar Schoko-Drops oder gehackte Schokolade hinzufügen. ● Lava Oats: Wer Lava Cake mag, kann in die Mitte ein Stück vegane Schokolade oder einen Löffel vegane Nuss-Nugat-Creme geben. ● Ohne Mixer: Alternativ kann man die Zutaten einfach mit einem Handrührgerät (oder Schneebesen) zu einem Teig verrühren. Das Baked Oatmeal wird dann eher gröber und nicht so fein wie ein Kuchen, aber trotzdem lecker. Hierfür zunächst die Banane mit einer Gabel zerdrücken, dann mit der Pflanzenmilch verquirlen und zuletzt die restlichen Zutaten einrühren. ● Mikrowelle: Das Baked Oatmeal lässt sich auch wie ein Tassenkuchen als Single-Portion etwa 3 Minuten in der Mikrowelle zubereiten. Damit es nicht überquillt, die Mikrowelle zwischendurch einmal kurz ausschalten, bis das Oatmeal wieder absackt.

Schoko-Crêpes mit Banane

Vorbereitungszeit: 5 Minuten
Zubereitungszeit: 15 Minuten

Zutaten für 3–4 Stück

Teig

125 g Weizenmehl Type 405 oder Dinkelmehl Type 630 (oder glutenfreies Mehl)
1 ½ EL Kakaopulver (8 g)
1 TL gemahlener Zimt
1 Prise Salz
160 ml ungesüßte Pflanzenmilch (z. B. Soja-, Mandel- oder Hafermilch)
60 ml kohlensäurehaltiges Mineralwasser (oder mehr Pflanzenmilch + ½ TL Backpulver)
1 EL Ahornsirup
1–2 EL Kokosöl (oder ein anderes Pflanzenöl zum Braten)

Füllung

2–3 EL vegane Nuss-Nugat-Creme oder Schoko-Aufstrich
3–4 Bananen

Nach Belieben zum Garnieren

geschmolzene vegane Schokolade
Kokosraspel
Granatapfelkerne oder anderes saisonales Obst

Nährwerte pro Stück: 451 kcal (F 18 g · KH 67 g · EW 6 g)
optional glutenfrei (mit glutenfreiem Mehl)

1 Für den Teig **Mehl, Kakao, Zimt, Salz, Pflanzenmilch, Mineralwasser** und **Ahornsirup** in einer Schüssel zu einem homogenen Teig verrühren (bei Bedarf etwas mehr Flüssigkeit hinzugeben). 2 Etwas **Kokosöl** auf einem Crêpes-Maker oder in einer flachen Antihaftpfanne auf hoher Stufe erhitzen. Je nach gewünschter Größe etwa ein Viertel oder ein Drittel der Teigmenge in die Pfanne gießen, zu einem großen Crêpe verstreichen und 1–2 Minuten ausbacken, bis sich Bläschen auf der Oberfläche bilden und der Teig nicht mehr an der Pfanne klebt. (Wer hat, kann gern einen Crêpes-Maker verwenden.) Dann den Crêpe wenden und etwa 1 weitere Minute backen. Anschließend eingerollt auf einen Teller legen (damit er die Röllchenform annimmt) und die restlichen Crêpes auf die gleiche Weise backen. 3 Für die Füllung die **Nuss-Nugat-Creme** als Streifen mittig auf die Crêpes streichen. Die **Bananen** schälen, je eine auf die Crêpes legen und einwickeln. 4 Die fertigen Bananen-Röllchen durchschneiden und nach Wunsch auf Tellern anrichten oder stapeln. 5 Nach Belieben mit etwas geschmolzener **Schokolade** beträufeln und mit **Kokosraspeln, Granatapfelkernen** oder anderem klein geschnittenen **Obst** nach Wahl garnieren. – Guten Appetit!

Tipps ● Ich verwende normalerweise helles Weizen- oder helles Dinkelmehl, aber man kann auch eine glutenfreie Mehlmischung nehmen. ● Man braucht kein Öl oder Fett und nur wenig Sirup oder Zucker in den Crêpes-Teig zu geben, da die Schoko-Bananen-Füllung süß und reichhaltig genug ist. Wer den Teig süßer mag, kann natürlich gern mehr Süße zugeben.

Apfel-Karotte-Frühstücksmuffins

Vorbereitungszeit: 15 Minuten
Zubereitungszeit: 5 Minuten + 25–30 Minuten Backzeit

Zutaten für 7 Stück

75 g Karotte
75 g Apfel
60 g Apfelmark (oder pürierte Banane oder Kürbispüree aus der Dose oder selbst gemacht; siehe Seite 128)
40 ml Pflanzenöl (z. B. Raps-, Sonnenblumen- oder Albaöl)
40 ml ungesüßte Pflanzenmilch (z. B. Soja-, Mandel-, Cashew- oder Hafermilch)
1 EL Zitronensaft (oder Apfelessig)
1 TL Vanilleextrakt
100 g Weizenmehl Type 405 oder Dinkelmehl Type 630 (oder glutenfreies Mehl)
50 g gemahlene Mandeln oder Haselnüsse
50 g Rohrzucker oder anderer Zucker
2 TL Backpulver
1 Prise Salz
1 TL gemahlener Zimt

Topping

20 g Walnüsse, gehackt
2 TL feine Haferflocken

Außerdem

7 Papierbackförmchen
12er-Muffinblech

Nährwerte pro Stück: 217 kcal (F 12 g · KH 23 g · EW 4 g)
optional glutenfrei (mit glutenfreiem Mehl)

1 Den Backofen auf 180 °C Ober-/Unterhitze vorheizen und die Papierförmchen in sieben Mulden des Muffinblechs setzen. 2 Die **Karotte** schälen und fein reiben. Den **Apfel** grob reiben oder fein würfeln. 3 **Apfelmark, Pflanzenöl, Pflanzenmilch, Zitronensaft** und **Vanilleextrakt** in einem Gefäß verrühren. Geriebene Karotte und Apfel hinzugeben und alles vermischen. 4 **Mehl,** gemahlene **Mandeln, Zucker, Backpulver, Salz** und **Zimt** in einer Schüssel vermischen. Dann die Karotte-Apfel-Mischung hinzugeben und alles kurz mit einem Teigschaber zu einem dicken Teig verrühren. 5 Den Teig in die vorbereiteten Muffinförmchen füllen. Mit gehackten **Walnüssen** und **Haferflocken** bestreuen und im vorgeheizten Ofen 25–30 Minuten backen (ein hineingestochener kleiner Holzspieß sollte sauber herauskommen). 6 Die Muffins zunächst 10 Minuten in der Form abkühlen lassen. Dann auf ein Kuchengitter setzen und vollständig auskühlen lassen. – Zum Frühstück oder als gesundes Dessert genießen.

Tipps ● Für glutenfreie Muffins am besten eine glutenfreie Mehlmischung 1:1 nehmen. Andere Mehle wie Hafermehl oder Vollkornmehl gehen auch, aber die Muffins werden dann nicht so weich und fluffig. ● Man kann auch andere beliebige Süßungsmittel nehmen, zum Beispiel Ahornsirup, Agavensirup, Kokosblüten- oder Dattelzucker. Bei Verwendung von Sirup sollte man eventuell die Pflanzenmilch weglassen, damit der Teig auch die richtige Konsistenz bekommt. ● Wer mag, kann noch gehackte Nüsse oder Schoko-Drops unter den Teig rühren oder Streusel (siehe Seite 177) als Topping daraufstreuen anstelle der Nüsse und Haferflocken.

VEGAN FOOD LOVE

Bunter Obstsalat

Zubereitungszeit: 20 Minuten

Zutaten für 3–4 Portionen
300 g Beeren (z. B. Erdbeeren, Blaubeeren, Brombeeren, Himbeeren)
1 Mandarine
¼ Granatapfel
1 Kiwi
1 Nektarine
80 g Weintrauben
250 g Wassermelonenfruchtfleisch
1–2 EL Agavendicksaft
2 EL Limettensaft
½ TL abgeriebene Limettenschale (oder nach Geschmack)
einige Minzeblätter (nach Geschmack)

Nach Belieben zum Toppen
Kokosraspel
veganer Joghurt Natur

Nährwerte pro Portion: 182 kcal (F 1 g · KH 35 g · EW 3 g)
glutenfrei, frei von raffiniertem Zucker

1 Die **Beeren** abbrausen und abtropfen lassen (falls Erdbeeren verwendet werden, diese entstielen und größere Exemplare halbieren oder vierteln). Die **Mandarine** schälen und in einzelne Segmente trennen. Die **Granatapfelkerne** auslösen. 2 Die **Kiwi** schälen (oder nur gut abwaschen) und in Würfel schneiden. Die **Nektarine** waschen, halbieren, entsteinen und ebenfalls würfeln. Die **Weintrauben** abbrausen, trocken tupfen und halbieren. 3 Die **Wassermelone** in Scheiben schneiden und Herzen ausstechen (oder einfach nur in Würfel schneiden). 4 Das vorbereitete Obst in eine große Schüssel geben. 5 **Agavendicksaft, Limettensaft, Limettenschale** und etwas gehackte **Minze** in einer kleinen Schüssel verrühren. 6 Das Limetten-Dressing über den Obstsalat gießen, vorsichtig vermengen und in Portionsschalen geben. Nach Belieben mit **Kokosraspeln** garnieren und entweder pur genießen oder mit einem Klecks veganem **Joghurt** on top. Guten Appetit!

Tipps • Je nach Jahreszeit und Vorlieben können die Obstsorten variiert werden, zum Beispiel Äpfel, Birnen, Bananen, Orangen, Kirschen, Pflaumen, Pfirsiche, Ananas, Mango. • Statt Limette passt Zitrone oder Orange sehr gut für das Dressing. • Je nach Süße der Früchte einfach mehr oder weniger zusätzliche Süße nehmen. Neben Agavendicksaft ist Ahornsirup, Dattelsirup oder Löwenzahnhonig gut geeignet. • Alternativ zum Dressing schmeckt meine Vanillesauce (siehe Seite 207) sehr gut zum Obstsalat. • Wer mag, kann noch gehackte Nüsse, Kerne oder Saaten hinzufügen oder gehackte Nuss-Cluster (siehe Seite 211) als crunchy Topping darüberstreuen.

Rosinenbrot

Vorbereitungszeit: 5 Minuten
Zubereitungszeit: 15 Minuten + 75–90 Minuten Ruhezeit + ca. 35 Minuten Backzeit

Zutaten für ca. 14 Scheiben

300 g Weizenmehl Type 405 oder Dinkelmehl Type 630 (oder glutenfreies Mehl)
50 g Zucker (Sorte nach Belieben)
5 g Trockenhefe (oder ⅓ Würfel frische Hefe; siehe Tipps)
¼ TL Salz
180 ml ungesüßte Sojamilch (oder Hafer- oder Mandelmilch)
45 ml Albaöl (oder anderes Pflanzenöl) + evtl. etwas mehr zum Einfetten
1–2 TL Vanilleextrakt (oder gemahlener Zimt; optional)
120 g Rosinen
2 EL Soja-Cuisine (zum Bestreichen; optional)

Außerdem

Silikon- oder Metall-Kastenbackform (ca. 21 cm)

Nährwerte pro Scheibe: 144 kcal (F 4 g · KH 24 g · EW 3 g)
optional glutenfrei (mit glutenfreiem Mehl)

❶ **Mehl, Zucker, Trockenhefe** und **Salz** in der Rührschüssel der Küchenmaschine vermischen. ❷ **Sojamilch, Öl** und **Vanilleextrakt** hinzufügen und alles mit einem Holzlöffel vermengen. Dann mit den Knethaken etwa 8 Minuten kneten, bis sich der Teig leicht vom Haken löst. Die **Rosinen** hinzugeben und kurz unterkneten. ❸ Die Schüssel mit einem Deckel (oder Frischhaltefolie) abdecken und den Teig 45–60 Minuten bei Raumtemperatur gehen lassen. (Optional: Anschließend über Nacht in den Kühlschrank stellen.) ❹ Den Teig noch mal kurz durchkneten und zu einem Laib formen. Dann in die Silikonform (oder **gefettete** Metallform) geben, mit einem feuchten Küchentuch (oder Frischhaltefolie) abdecken und nochmals 30 Minuten gehen lassen. Währenddessen den Backofen auf 180 °C Ober-/Unterhitze vorheizen. ❺ Die Teigoberfläche mit **Sojasahne** bestreichen und im vorgeheizten Ofen etwa 35 Minuten backen. Anschließend aus dem Ofen nehmen und etwa 10 Minuten in der Form abkühlen lassen. Dann aus der Form stürzen und auf einem Kuchengitter vollständig auskühlen lassen. – In Scheiben schneiden und schmecken lassen.

Tipps • Nach der Gehzeit den Hefeteig über Nacht in den Kühlschrank stellen und erst am nächsten Tag weiterverarbeiten. So kann man das Brot ohne viel Aufwand frisch gebacken zum Frühstück essen. Außerdem wird es dann noch weicher. • Frische Hefe muss zuerst in handwarmer Sojamilch mit etwas Zucker aufgelöst und dann 5–10 Minuten stehen gelassen werden. • Optional: Man kann Pflanzenmilch mit Vanillegeschmack verwenden oder etwas Zimt in den Teig einarbeiten.

Ingwer-Kurkuma-Shot

Zubereitungszeit: 10 Minuten

Zutaten für ca. 10 Portionen

- 100 g Ingwer (ungeschält)
- 2 Zitronen
- 4 Mandarinen
- 1 Apfel
- 50 g Agavendicksaft (oder ein anderer Sirup)
- 1 TL gemahlene Kurkuma
- 1 Prise frisch gemahlener schwarzer Pfeffer

Nährwerte pro Portion: 54 kcal (F 0 g · KH 11 g · EW 1 g)
glutenfrei, frei von raffiniertem Zucker

(1) Den **Ingwer** gründlich waschen und grob in Stücke schneiden. **Zitronen** und **Mandarinen** schälen, entkernen und grob zerkleinern. Den **Apfel** waschen, entkernen und ebenfalls grob zerkleinern. (2) Ingwer und Früchte mit **Agavendicksaft, Kurkuma** und **Pfeffer** in einen Mixer geben und gut pürieren, dabei bis zur gewünschten Konsistenz etwa 150 ml Wasser oder **Fruchtsaft** hinzugeben (alternativ einen Stabmixer verwenden; wer das Fruchtfleisch nicht mag, kann die Mischung noch durch ein Passiertuch, ein feines Sieb oder einen Nussmilchbeutel drücken). (3) Den fertigen Ingwer-Kurkuma-Shot in eine verschließbare Flasche geben oder in mehrere kleine Fläschchen füllen. Er bleibt im Kühlschrank etwa 1 Woche haltbar und kann auch eingefroren werden.

Tipps ● Anwendung: Ein kleines Schnapsglas Ingwer-Kurkuma-Shot am Tag kann die Gesundheit fördern. Da der Power-Drink viel Vitamin C enthält, stärkt er das Immunsystem und aktiviert die Abwehrkräfte. In der Ingwerwurzel stecken viele ätherische Öle, Scharf- und Bitterstoffe, die für den würzigen und brennend scharf-aromatischen Geschmack sorgen. Sie regen die Verdauung und die Durchblutung an. Der Shot kann sogar das Abnehmen unterstützen. ● Auch Kurkuma ist reich an ätherischen Ölen und enthält Curcumin, das die Wurzel intensiv gelb-orange färbt. Wie Ingwer wirkt auch Kurkuma verdauungsanregend und entzündungshemmend. ● Wem dieser Power-Drink zu scharf ist, kann noch einen Apfel mitmixen. Auch andere Früchte wie Orange, Ananas, Trauben und Birnen sind eine tolle vitaminreiche Ergänzung. Statt Wasser kann Fruchtsaft verwendet werden.

Grüner Smoothie

Zubereitungszeit: 15 Minuten

Zutaten für 4 Portionen

1 Banane
1 grüner Apfel
2–3 große Selleriestangen
5-cm-Stück Ingwer
1 Kiwi
2 Handvoll Grünkohl
2 Handvoll Babyspinat
1 EL Chiasamen
240 ml Wasser (oder Kokoswasser)

Nach Belieben zum Süßen und Servieren

Agavendicksaft
Eiswürfel
Limettenscheiben
Petersilie

Nährwerte pro Portion: 98 kcal (F 2 g · KH 17 g · EW 3 g)
glutenfrei, frei von raffiniertem Zucker

1. Die **Banane** schälen und halbieren. Den **Apfel** waschen, vierteln und entkernen. Die **Selleriestangen** waschen und grob zerkleinern. Den **Ingwer** schälen. Die **Kiwi** ebenfalls schälen und vierteln. Den **Grünkohl** waschen, grob zerpflücken und von den dicken Blattrippen befreien. Den **Babyspinat** waschen.
2. Dann alle vorbereiteten Zutaten mit **Chiasamen** und Wasser in einen Mixer geben und cremig pürieren. (Wer den Smoothie süßer mag, kann etwas **Agavendicksaft** hinzufügen.)
3. Den grünen Smoothie nach Belieben in Gläser mit **Eiswürfeln** füllen und mit **Limettenscheiben** und **Petersilie** garnieren.

Tipps ● Obst: Statt Banane, Apfel und Kiwi passt auch anderes Obst wie Mango, Ananas, Pfirsich, Birne, Aprikosen, Weintrauben, Orange oder Beeren – deiner Kreativität sind keine Grenzen gesetzt! ● Gemüse: Man kann den Smoothie auch nur mit Grünkohl oder nur mit Spinat zubereiten. Auch anderes grünes Blattgemüse wie Mangold ist eine tolle Alternative. Statt Sellerie eignet sich auch anderes grünes Gemüse wie Gurken oder Zucchini. ● Gefrorenes oder frisches Obst? Wer kein frisches Obst oder Gemüse zu Hause hat, kann auch gefrorenes nehmen. Damit das Ganze einfacher zu mixen ist, sollte man es vorher antauen lassen. ● Chiasamen sind reich an gesunden Omega-3-Fettsäuren. Alternativ Lein- oder Hanfsamen verwenden. ● Wasser: Man kann auch Kokoswasser oder Fruchtsaft verwenden. Wer seinen Smoothie noch cremiger und reichhaltiger möchte, mixt zusätzlich etwas Kokosmilch oder eine andere ungesüßte Pflanzenmilch hinein.

Brötchen

Am Vortag vorbereiten
Vorbereitungszeit: 10 Minuten + ca. 5 Minuten Ruhezeit + Ruhezeit über Nacht
Zubereitungszeit: 20 Minuten + ca. 25 Minuten Backzeit

Zutaten für 8–10 Stück
360 ml Wasser
⅛ Würfel frische Hefe (5 g; oder ¼ Pck. Trockenhefe)
500 g Mehl (z. B. Dinkelmehl Type 630 oder anderes Mehl, auch glutenfreies Mehl) + etwas mehr zum Bestäuben
1 ½ TL Salz
Nach Belieben zum Toppen
Kürbiskerne
Sonnenblumenkerne
Sesamsamen
Mohnsaat
Haferflocken
Nach Belieben zum Servieren
Kräuterbutter oder Leberwurst (siehe Seiten 81 und 36) oder anderer Aufstrich oder Konfitüre nach Wahl

Nährwerte pro Stück: 216 kcal (F 1 g · KH 45 g · EW 6 g)
optional glutenfrei (mit glutenfreiem Mehl), frei von raffiniertem Zucker

1 Etwa 120 ml Wasser auf 32–35 °C erwärmen. Die **Hefe** in eine Schüssel bröseln, mit dem handwarmen Wasser begießen und auflösen. Dann für etwa 5 Minuten beiseitestellen, bis die Mischung beginnt zu schäumen. 2 **Mehl** und **Salz** in einer großen Schüssel vermischen. Aufgelöste Hefe und restliches Wasser hinzugeben und mit einem Holzlöffel etwa 5 Minuten verrühren, bis ein klebriger Teig entsteht, der sich leicht vom Schüsselrand löst. 3 Die Schüssel mit einem Deckel (oder Frischhaltefolie oder feuchtes Küchentuch) abdecken und den Teig 2 Stunden bei Raumtemperatur gehen lassen. Dann über Nacht in den Kühlschrank stellen. 4 Am nächsten Morgen den Backofen auf 240 °C Ober-/Unterhitze vorheizen und eine Auflaufform auf der untersten Schiene mit hineingeben. Ein Backblech mit Backpapier auslegen. 5 Die Arbeitsfläche gut **bemehlen,** den Teig daraufgeben, die Oberseite leicht **bemehlen** und in acht bis zehn Stücke teilen. Mit **bemehlten** Händen ein Stück nehmen und die Außenseiten zur unteren Mitte hin einschlagen, sodass ein runder Teigling entsteht. 6 Falls verwendet, beliebige **Körner, Saaten** und **Flocken** vermischen. Die Oberseite des Teiglings mit etwas Wasser befeuchten, in der Mischung wälzen und auf das Backblech setzen. 7 Den Vorgang mit dem restlichen Teig wiederholen, bis alle Teiglinge geformt sind. 8 Das Blech in den vorgeheizten Ofen schieben. Die Auflaufform mit Wasser befüllen, sodass Wasserdampf entsteht. Die Ofentür sofort schließen und etwa 25 Minuten backen. (Wenn man gegen ein Brötchen klopft und es hohl klingt, ist es fertig.) 9 Anschließend etwas abkühlen lassen und vom Blech nehmen. Mit einem Aufstrich nach Wahl genießen.

Tipps ● Durch die lange Ruhezeit braucht man nur ganz wenig Hefe. ● Wenn man Trockenhefe verwendet, Schritt 1 überspringen, die Hefe einfach mit Mehl und Salz vermischen und das Wasser dazugeben. ● Der Teig ist sehr klebrig, aber so soll er sein. Daher Arbeitsfläche, Teig und Hände gut mit Mehl bestäuben. ● Man kann auch verschiedene Mehlsorten und Typen mischen. Ein Anteil von 50 Prozent Vollkornmehl klappt auch gut, dann aber etwas mehr Wasser einarbeiten. Bei Verwendung von Roggenmehl empfehle ich einen Anteil von maximal 30 Prozent. ● Wer ein Baguette-Blech hat, kann mit diesem Rezept auch Baguette-Brötchen backen. ● Süßer Aufstrich: Wer eine gesündere Alternative als Konfitüre essen möchte, nimmt Rote Grütze (siehe Seite 207).

Vegane Leberwurst

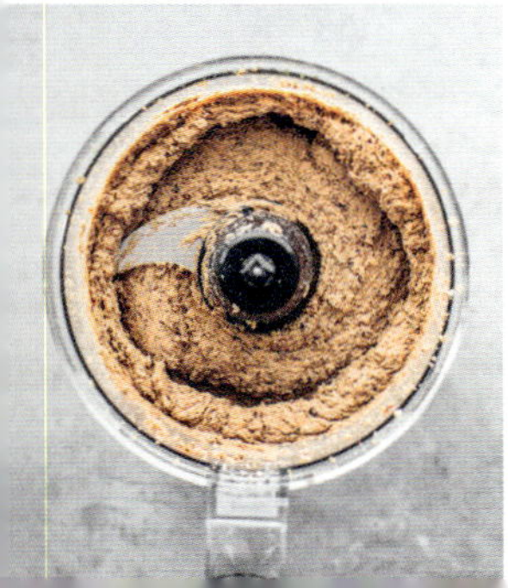

Zubereitungszeit: 15 Minuten

Zutaten für 16 Portionen (à ca. 30 g)

1 rote Zwiebel
1 Knoblauchzehe
1 EL Olivenöl (oder Sonnenblumen- oder Rapsöl)
1 Dose Kidneybohnen (240 g Abtropfgewicht)
200 g Räuchertofu (oder mehr Bohnen, falls sojafrei erwünscht)
2 TL mittelscharfer Senf
1 TL edelsüßes Paprikapulver
2 EL gehackte Petersilie (oder 2 TL getrocknete Petersilie)
2 TL getrockneter Majoran
Salz
gemahlener schwarzer Pfeffer

Nährwerte pro Portion: 49 kcal (F 1 g · KH 3 g · EW 4 g)
glutenfrei, frei von raffiniertem Zucker

1 **Zwiebel** und **Knoblauchzehe** schälen und hacken. Das **Öl** in einer Pfanne erhitzen und die Zwiebeln darin 2–3 Minuten andünsten. Dann den Knoblauch hinzugeben und 1 Minute mitdünsten. Anschließend vom Herd nehmen und etwas abkühlen lassen. 2 Die **Kidneybohnen** abbrausen und kurz abtropfen lassen. Dann in eine Küchenmaschine (oder einen Mixer oder ein Gefäß, wenn man einen Stabmixer verwendet) geben. Den **Tofu** hineinbröseln. Dann die Zwiebelmischung mit **Senf, Paprikapulver, Petersilie** und **Majoran** zugeben und alles fein pürieren. Mit **Salz** und **Pfeffer** nach Geschmack würzen. 3 Die Leberwurst in ein Glas füllen, verschließen und kalt stellen.

Tipps • In einem verschlossenen Glas hält sich die Leberwurst bis zu 1 Woche im Kühlschrank. • Vor dem Verzehr mindestens 1 Tag im Kühlschrank ziehen lassen, dann schmeckt die Streichwurst noch besser. • Auf Brötchen (zum Beispiel selbst gebackene; siehe Seite 35) oder Brot streichen, nach Belieben mit Gewürzgurken und Dill garnieren und servieren.

LODGE

Gemüse-Frittata

Vorbereitungszeit: 15 Minuten
Zubereitungszeit: 15 Minuten + 30–35 Minuten Backzeit

Zutaten für 4 Portionen

Kichererbsenteig
160 g Kichererbsenmehl
320 ml Wasser
80 g veganer Joghurt Natur (z. B. Skyr-Style)
2 ½ EL Hefeflocken
1 TL edelsüßes Paprikapulver
½ TL gemahlene Kurkuma (optional für die Farbe)
1 TL Salz
½ TL Kala Namak (optional für Ei-Geschmack)
½ TL gemahlener schwarzer Pfeffer

Buntes Gemüse
1 EL Öl zum Braten
1 Zwiebel, fein gehackt
2 Knoblauchzehen, fein gehackt
200 g Gemüse (z. B. Karotten, Zucchini, Paprika), fein gewürfelt
1 ½ TL getrocknete italienische Kräutermischung
30 g grünes Blattgemüse (z. B. Grünkohl, Spinat oder Mangold), fein gehackt
1 Handvoll Kirschtomaten, halbiert
etwas Olivenöl zum Bestreichen

Nach Belieben zum Garnieren
frische Kräuter (z. B. Petersilie, Basilikum) oder Salatblätter

Nährwerte pro Portion: 226 kcal (F 6 g · KH 26 g · EW 12 g)
glutenfrei, frei von raffiniertem Zucker

❶ Für den Kichererbsenteig alle **Zutaten** in einem Mixer cremig mixen oder mit einem Schneebesen verquirlen und 5–10 Minuten zum Quellen beiseitestellen. Danach noch mal kurz durchmixen oder durchrühren. ❷ Inzwischen den Backofen auf 180 °C Ober-/Unterhitze vorheizen. ❸ Währenddessen für das bunte Gemüse das **Öl** in einer ofenfesten oder normalen Pfanne erhitzen und die **Zwiebeln** darin 2–3 Minuten glasig braten. Den **Knoblauch** dazugeben und 30 Sekunden anrösten. Das **Gemüse** hinzufügen und weitere 2–3 Minuten dünsten. **Italienische Kräuter** und gehacktes **Blattgemüse** unterrühren und 1–2 Minuten dünsten, bis es zusammenfällt. ❹ Die Kichererbsen-Frittata-Mischung über das Gemüse gießen und alles gut vermengen. (Falls keine ofenfeste Pfanne verwendet wurde, die Masse in eine leicht **gefettete** Auflaufform umfüllen.) ❺ Die **Kirschtomaten** mit den Schnittflächen nach oben auf die Frittata setzen und mit etwas **Olivenöl** bepinseln. Die Pfanne in den vorgeheizten Ofen schieben und 30–35 Minuten backen. (Die Frittata ist fertig, wenn die Oberfläche goldbraun gebacken ist und an einigen Stellen Risse erkennbar sind.) Alternativ die Frittata auf dem Herd etwa 25 Minuten bei geringer Hitze bei aufgelegtem Deckel stocken lassen. ❻ Aus dem Ofen nehmen, mit etwas Öl bepinseln und etwa 10 Minuten abkühlen lassen, damit sie sich setzen kann. ❼ Nach Belieben mit frischen **Kräutern** garnieren und schmecken lassen!

Tipps ● Man kann beliebiges Gemüse und Blattgrün sowie Kräuter und Gewürze nach Wahl verwenden. Das Gemüse sollte jedoch sehr klein geschnitten werden, damit die Frittata stabil bleibt. ● Der vegane Joghurt macht den Kichererbsenteig saftiger. Ersatzweise kann man aber auch einfach ein wenig mehr Wasser oder ungesüßte Pflanzenmilch nehmen. ● Übrig gebliebene Frittata lässt sich bis zu 3 Tage abgedeckt im Kühlschrank aufbewahren. ● Man kann aus diesem Rezept auch herzhafte Pfannkuchen, Frühstücksmuffins, veganes Omelett oder eine spanische Tortilla mit Kartoffeln zubereiten.

Linsen-Pfannkuchen

Am Vortag vorbereiten

**Zubereitungszeit:
ca. 50 Minuten +
Einweichzeit über Nacht**

Zutaten für 6 Stück

Linsen-Pfannkuchen

125 g rote Linsen (oder gelbe Linsen)
⅓ TL Salz
ca. 2 EL Oliven- oder Rapsöl

Nach Belieben für den Belag

1 EL Oliven- oder Rapsöl
250 g Champignons, in Scheiben geschnitten
1 Knoblauchzehe, gehackt
1 ½ EL Tamari (oder Sojasauce)
gemahlener schwarzer Pfeffer
1 Rezeptmenge Hummus (siehe Seite 103; oder ca. 400 g Fertigprodukt)
2 Handvoll Blattspinat, gewaschen, abgetropft

Nach Belieben zum Garnieren

Alfalfasprossen
Petersilie
Sesamsamen

Nährwerte pro Pfannkuchen ohne Belag: 107 kcal
(F 5 g · KH 10 g · EW 5 g)
glutenfrei, frei von raffiniertem Zucker

Linsen-Pfannkuchen ❶ Die **Linsen** mit Wasser bedecken und über Nacht einweichen. Abgießen und mit 200 ml frischem Wasser und **Salz** im Mixer pürieren. ❷ Etwas **Öl** in einer Antihaftpfanne erhitzen. Dann eine Portion Teig in die Pfanne gießen und gleichmäßig zu einem Kreis verteilen. Sobald die Oberfläche nicht mehr flüssig ist, den Pfannkuchen vorsichtig wenden und zu Ende ausbacken (je nach Größe und Dicke der Pfannkuchen dauert es 3–4 Minuten pro Seite). ❸ Den Vorgang mit dem restlichen Teig wiederholen, bis alle Pfannkuchen fertig gebacken sind.

Belag und Garnierung (optional) ❶ Das **Öl** in einer Pfanne erhitzen und die **Champignons** etwa 3 Minuten scharf anbraten. Dann wenden und weitere 2–3 Minuten braten. ❷ Den **Knoblauch** hinzugeben und 1 Minute anrösten. Mit **Tamari** ablöschen, die Pfanne schwenken und kurz weiterbraten, bis die Champignons schön goldbraun sind. Nach Geschmack mit **Pfeffer** würzen. ❸ Linsen-Pfannkuchen zur Hälfte mit etwas **Hummus** bestreichen. Dann mit **Spinat** und Champignons belegen. Nach Belieben mit **Sprossen, Petersilie** und **Sesam** garnieren, einklappen und mit restlichem **Hummus** servieren.

Tipps • Die Pfannkuchen eignen sich prima als Alternative zu Tortillas, um Wraps zu machen. • Wer mag, kann dem Teig ein paar Gewürze oder Kräuter hinzufügen. • Wenn man die Pfannkuchen süß servieren möchte, einfach etwas weniger Salz verwenden und dafür etwas Süße und nach Belieben Gewürze wie Zimt oder Vanille hinzufügen. • Restliche Pfannkuchen lassen sich abgedeckt im Kühlschrank aufbewahren. Später einfach kurz in der Mikrowelle oder in der Pfanne aufwärmen. • Man kann die Pfannkuchen auch einfrieren und bei Bedarf über Nacht im Kühlschrank auftauen lassen und dann aufwärmen.

Pho – Reisnudelsuppe
(Rezept siehe Seite 46)

Suppen, Eintöpfe und Salate

Suppen, Eintöpfe und Salate

Pho – Reisnudelsuppe

Vorbereitungszeit: 10 Minuten
Zubereitungszeit:
ca. 45 Minuten

Zutaten für 4 Portionen

Pho-Brühe

- 1 EL Öl
- 1 Zwiebel, geviertelt
- 4 Knoblauchzehen, zerdrückt
- 5-cm-Stück Ingwer, in dünne Scheiben geschnitten
- 1 große Karotte, in Scheiben geschnitten
- 120 g Petersilienwurzel (oder Sellerie), in Scheiben geschnitten
- 3 Sternanise
- 4 Gewürznelken
- 1 Zimtstange
- 2 l Gemüsebrühe
- 1 EL Miso-Paste (Sorte nach Wahl)
- 1 EL Tamari (oder Sojasauce)
- 1 TL Sriracha-Sauce (oder nach Geschmack)

Knuspriger Tofu

- 400 g Tofu Natur
- 1 EL Sesam- oder Erdnussöl (oder anderes Pflanzenöl)
- 1 EL vegane No-Fish-Sauce (oder Tamari oder Sojasauce)
- 1 EL Speisestärke

Pho-Brühe ❶ Das **Öl** in einem großen Topf erhitzen. **Zwiebeln, Knoblauch** und **Ingwer** darin etwa 3 Minuten bei hoher Hitze anrösten. ❷ Dann **Karotte, Petersilienwurzel, Sternanise, Nelken** und **Zimt** dazugeben und noch etwa 3 Minuten anrösten, bis alles gut duftet. ❸ Mit **Gemüsebrühe** ablöschen. **Miso-Paste, Tamari** und **Sriracha-Sauce** zufügen, Deckel auflegen und mindestens 45 Minuten bei niedriger Hitze köcheln lassen – je länger, umso mehr Aroma entwickelt sich. ❹ Anschließend die Brühe durch ein feines Sieb in einen anderen Topf gießen, dabei Gemüse und Gewürze auffangen und entsorgen. Abschmecken und bei Bedarf nachwürzen.

Knuspriger Tofu ❶ Während die Brühe köchelt, den Backofen auf 200 °C Ober-/Unterhitze vorheizen und ein Backblech mit Backpapier auslegen. ❷ Den **Tofu** in Küchentücher wickeln und sehr trocken pressen. Dann in Würfel schneiden, noch mal trocken tupfen und in eine Schüssel geben. Die Tofuwürfel zuerst mit **Öl** und **No-Fish-Sauce** vermengen. Dann die **Speisestärke** darüberstreuen und durchmischen, bis alle Würfel überzogen sind. ❸ Die marinierten Tofuwürfel mit genügend Abstand zueinander auf dem vorbereiteten Backblech verteilen und im vorgeheizten Ofen 25–30 Minuten goldbraun backen, dabei nach 15 Minuten einmal durchmischen. (Alternativ die Tofuwürfel in einer Pfanne 7–8 Minuten unter gelegentlichem Wenden knusprig braten.)

Fortsetzung auf Folgeseite ▶

Fortsetzung

Pho – Reisnudelsuppe

Pho
200 g Reisnudeln
1 EL Öl
100 g Shiitake-Pilze, ganz geputzt oder in Scheiben geschnitten
2 Pak Choi, halbiert

Nach Belieben zum Garnieren
1 grüne Chilischote (z. B. Jalapeño), entkernt, in Ringe geschnitten
1 Bund Koriander, grob gehackt
1 Bund Minze, grob gehackt
4 Limettenspalten

Nährwerte pro Portion: 428 kcal (F 13 g · KH 57 g · EW 21 g)
glutenfrei

Pho ❶ Inzwischen die **Reisnudeln** gemäß Packungsangaben kochen, dann unter kaltem Wasser abbrausen und abtropfen lassen. ❷ Das **Öl** in einer Pfanne erhitzen und die **Shiitake-Pilze** darin 2–3 Minuten scharf anbraten. Dann mit dem **Pak Choi** in die Pho-Brühe geben und kurz aufkochen. ❸ Die Reisnudeln in Schalen verteilen und mit der heißen Suppe begießen. Den knusprigen Tofu darauf verteilen und nach Belieben mit **Chiliringen, Koriander, Minze** und **Limettenspalten** garnieren und genießen.

Tipps • Um das Rezept einfacher zu halten, kannst du auch fertige vegane Pho-Brühe aus dem Bioladen verwenden. • Die Suppeneinlage lässt sich beliebig variieren. Man kann auch Soja- oder Mungbohnensprossen, Lauch, Frühlingszwiebeln, Kohl oder andere Pilze verwenden. Statt Tofu passt auch Edamame oder andere Fleischersatzprodukte als Proteinquelle. • Aufbewahrung: Die Brühe kann prima im Voraus zubereitet und dann bis zu 3 Tage im Kühlschrank aufbewahrt oder bis zu 3 Monate eingefroren werden.

Japchae – Glasnudelsalat

Vorbereitungszeit: 15 Minuten
Zubereitungszeit: 20 Minuten

Zutaten für 4 Portionen

200 g Süßkartoffelnudeln (koreanische Dangmyeon)
2 EL geröstetes Sesamöl (oder Erdnussöl)
3–4 EL Tamari strong (oder Sojasauce)
1 EL Kokosblütensirup (oder anderes Süßungsmittel nach Belieben)
2–3 EL Öl
250 g braune Champignons (oder andere Pilze), in Scheiben geschnitten
1 Zwiebel, gehackt
1 mittelgroße Zucchini (200 g), in feine Streifen geschnitten
1 Karotte, in feine Streifen geschnitten
1 rote Paprika, entkernt, in feine Streifen geschnitten
2 Frühlingszwiebeln, grob gehackt
3 Knoblauchzehen, fein gehackt
150 g Babyspinat, gewaschen, abgetropft

❶ Reichlich Wasser in einem großen Topf zum Kochen bringen. Die **Süßkartoffelnudeln** hineingeben und nach Packungsangaben kochen. ❷ Nudeln in ein Sieb abgießen, abtropfen lassen und mit kaltem Wasser abschrecken. Dann in eine große Schüssel geben und mit einer Küchenschere kleiner schneiden. 1 EL **Sesamöl** darüberträufeln und vermengen (das verhindert, dass die Nudeln zusammenkleben). ❸ Inzwischen in einer kleinen Schüssel restliches **Sesamöl, Tamari** und **Kokosblütensirup** zu einer Sauce verrühren. ❹ 1–2 EL **Öl** in einer großen Pfanne (oder Wok) auf höchster Stufe erhitzen. **Champignons** zufügen und 2–3 Minuten (ohne zu rühren) scharf anbraten, bis sie auf einer Seite goldbraun sind. Dann wenden, die Hitze ein wenig reduzieren und 2 weitere Minuten braten. Ein wenig von der Sauce hinzufügen und die Pfanne schwenken, bis die Pilze gleichmäßig mariniert sind. Danach aus der Pfanne nehmen und beiseitestellen. ❺ Das restliche **Öl** in derselben Pfanne erhitzen. **Zwiebeln** hinzufügen und 1–2 Minuten glasig braten. Dann **Zucchini, Karotte, Paprika** und **Frühlingszwiebeln** zugeben und 3–4 Minuten braten, bis sie gegart, aber noch leicht knackig sind. ❻ Zuletzt **Knoblauch** und **Spinat** dazugeben und beiseitestellen, bis der Spinat zusammengefallen ist. Das Gemüse mit den gebratenen Pilzen zu den Nudeln in die Schüssel geben (oder die Nudeln mit den Pilzen zum Gemüse in die Pfanne geben, wenn das Gericht warm gegessen werden soll). Die restliche Sauce hinzufügen und alles vermengen. ❼ Entweder kalt als Salat oder warm als Pfannengericht servieren und mit **Sesam, Frühlingszwiebeln, Koriander** und **Limetten** garniert servieren.

Fortsetzung auf Folgeseite ▶

Fortsetzung

Japchae – Glasnudelsalat

Nach Belieben zum Garnieren
Sesamsamen
Frühlingszwiebelringe
Korianderblätter
Limettenspalten

Nährwerte pro Portion: 372 kcal (F 14 g · KH 52 g · EW 6 g)
glutenfrei, frei von raffiniertem Zucker

Tipps ● Süßkartoffelnudeln: Dangmyeon sind Glasnudeln aus Süßkartoffelstärke, die man im Asia-Laden oder übers Internet bekommt. Man kann auch herkömmliche Glasnudeln oder andere Nudeln nach Belieben verwenden, zum Beispiel Soba-Nudeln, Udon oder selbst gemachte Nudeln. Bedenke jedoch, dass andere Nudeln andere Kochzeiten und Texturen haben. ● Gemüse: Auch andere Gemüsesorten wie Kohl, Brokkoli, gelbe oder grüne Paprika, Sprossen oder Pak Choi passen gut. ● Sauce: Ich habe starke Tamari für einen sehr intensiven Umami-Geschmack verwendet. Sie ist glutenfrei und im Vergleich zu Sojasauce weniger salzig. ● Proteine: Wer möchte, kann auch einen pflanzlichen Fleischersatz wie Tofu oder vegane Filetstreifen hinzugeben. ● Kokosblütensirup: Alternativ kann jedes andere Süßungsmittel für die Sauce verwendet werden.

Süßkartoffel-Cremesuppe

Vorbereitungszeit: 10 Minuten
Zubereitungszeit: 15 Minuten + 15–20 Minuten Garzeit

Zutaten für 4 Portionen

Suppe
650 g Süßkartoffeln
300 g Karotten
1 große Zwiebel
2 Knoblauchzehen
5-cm-Stück Ingwer
1 EL Kokosöl
600 ml Gemüsebrühe
250 ml Kokosmilch
Saft von 1 Orange
2 TL edelsüßes Paprikapulver
½ TL Chilipulver (optional)
Salz
gemahlener schwarzer Pfeffer

Ofenbrot (optional)
½ Baguette (oder anderes Brot), in Scheiben geschnitten
1–2 EL Olivenöl

Nach Belieben zum Toppen
2–3 EL Kokosmilch
Erdnüsse und Sesamsamen (oder andere Kerne, Saaten, Nüsse)
Granatapfelkerne
Petersilie (oder andere frische Kräuter)

Nährwerte pro Portion: 378 kcal (F 19 g · KH 45 g · EW 5 g)
glutenfrei, frei von raffiniertem Zucker

1 Für die Suppe **Süßkartoffeln** und **Karotten** schälen und in grobe Würfel schneiden. **Zwiebel** schälen und würfeln. **Knoblauchzehen** und **Ingwer** schälen und fein hacken. **2** Das **Kokosöl** in einem großen Topf erhitzen und die Zwiebelwürfel darin unter gelegentlichem Rühren 2–3 Minuten glasig dünsten. Knoblauch und Ingwer dazugeben und 1 Minute mitbraten. Dann Süßkartoffeln und Karotten hinzufügen und ebenfalls kurz mitrösten. **3** **Gemüsebrühe** angießen und alles zum Kochen bringen. Den Deckel auflegen und bei mittlerer Hitze 15–20 Minuten weich kochen. **4** Währenddessen für das Ofenbrot den Backofen auf 200 °C Ober-/Unterhitze vorheizen. Die **Baguettescheiben** auf ein mit Backpapier ausgelegtes Backblech legen und mit **Öl** bepinseln. Im vorgeheizten Ofen etwa 10 Minuten goldbraun und knusprig backen. (Die Backzeit variiert nach Brotsorte und Dicke der Scheiben.) **5** Sobald das Gemüse gar ist, **Kokosmilch, Orangensaft, Paprika-** und **Chilipulver** zugeben und die Suppe mit dem Stabmixer oder in einem Mixer cremig pürieren. Nach Geschmack mit **Salz** und **Pfeffer** würzen. **6** Die Süßkartoffelsuppe in Schalen füllen und nach Wunsch mit einem Klecks **Kokosmilch** sowie **Erdnüssen, Sesam, Granatapfelkernen** und **Petersilie** oder anderen Toppings garnieren. Dazu das Ofenbrot reichen und schmecken lassen.

Tipps • Die Suppe kann bis zu 5 Tage im Kühlschrank aufbewahrt werden – zum Servieren einfach im Topf oder in der Mikrowelle aufwärmen. • Sollte sie zu dickflüssig sein, etwas Wasser oder Kokosmilch hinzufügen. • Gern kann man die Suppe auch für eine längere Lagerung einfrieren.

Rote-Bete-Suppe

Vorbereitungszeit: 10 Minuten
Zubereitungszeit: 15 Minuten + 20–25 Minuten Garzeit

Zutaten für 4 Portionen

500 g Rote Beten
400 g vorwiegend festkochende Kartoffeln
1 rote Zwiebel
1 Knoblauchzehe
5-cm-Stück Ingwer
1 EL Pflanzenöl
1 l Gemüsebrühe
Salz
gemahlener schwarzer Pfeffer
150 ml Kokosmilch
1–2 TL Agavendicksaft (oder nach Geschmack)
1 TL Tafelmeerrettich aus dem Glas (optional)

Nach Belieben zum Toppen

2–3 EL veganer Joghurt Natur (oder ungesüßte Pflanzensahne oder Kokosmilch)
Sesamsamen (oder andere Kerne, Saaten, Nüsse)
Petersilie (oder andere frische Kräuter)

Nährwerte pro Portion: 246 kcal (F 13 g · KH 28 g · EW 6 g)
glutenfrei

❶ **Rote Beten** und **Kartoffeln** schälen und in etwa 2 cm große Würfel oder Stücke schneiden. **Zwiebel** schälen und würfeln. **Knoblauchzehe** und **Ingwer** schälen und fein hacken. ❷ Das **Öl** in einem großen Topf erhitzen und die Zwiebeln darin unter gelegentlichem Rühren etwa 3 Minuten glasig dünsten. Knoblauch und Ingwer dazugeben und 1 Minute mitbraten. Dann die Kartoffeln hinzufügen und ebenfalls kurz mitrösten. ❸ Rote-Bete-Würfel hineingeben und die **Gemüsebrühe** angießen. Mit **Salz** und **Pfeffer** würzen, zum Kochen bringen und mit aufgelegtem Deckel bei mittlerer Hitze 20–25 Minuten weich kochen. ❹ Sobald das Gemüse gar ist, **Kokosmilch** und **Agavendicksaft** hinzugeben und die Suppe mit dem Stabmixer oder in einem Mixer cremig pürieren. Nach Geschmack mit **Meerrettich** verfeinern, abschmecken und bei Bedarf noch mal nachwürzen. ❺ Die Rote-Bete-Suppe in Schalen servieren und nach Wunsch mit einem Klecks veganem **Joghurt, Sesam** und **Petersilie** garnieren.

Tipps ● Man kann die Rote-Bete-Suppe im Voraus zubereiten und in einem luftdicht abgedeckten Behälter im Kühlschrank bis zu 5 Tage aufbewahren. ● Die Suppe schmeckt sogar noch besser, je länger sie durchzieht. Sie lässt sich aber auch prima einfrieren und jederzeit auftauen.

VEGAN FOOD LOVE

Gemüsecurry mit Kichererbsen

Vorbereitungszeit: 15 Minuten
Zubereitungszeit: 15 Minuten + ca. 10 Minuten Garzeit

Zutaten für 4 Portionen

250 g Basmati-Reis (oder eine andere Sorte)
Salz
1 EL Kokosöl (oder anderes Öl)
1 Zwiebel, halbiert, in Ringe geschnitten
3 Knoblauchzehen, gehackt
5-cm-Stück Ingwer, gehackt
150 g Brokkoliröschen
1 mittelgroße Zucchini, halbiert, in Scheiben geschnitten
1 rote Paprika, entkernt, in feine Streifen geschnitten
2 EL gelbes Madras-Currypulver
1 Dose Kichererbsen (240 g Abtropfgewicht), abgebraust, abgetropft
400 ml Kokosmilch (1 Dose)
2 EL Tamari (oder Sojasauce)
1 große Karotte, in feine Streifen geschnitten
gemahlener schwarzer Pfeffer
1 Msp. Chilipulver (oder nach Geschmack)
1–2 TL Speisestärke, in etwas Wasser aufgelöst (optional)

Nach Belieben zum Garnieren

1 rote Chilischote, entkernt, in dünne Ringe geschnitten
Koriander
Sesamsamen
Limettensaft

1 Den **Basmati-Reis** nach Packungsangaben in **Salzwasser** garen. **2** Inzwischen das **Kokosöl** in einer großen Pfanne erhitzen und die **Zwiebeln** darin 2–3 Minuten glasig braten. **Knoblauch** und **Ingwer** hinzugeben und 30 Sekunden anrösten. **3** Nun **Brokkoli, Zucchini** und **Paprika** hinzufügen und etwa 3 Minuten mitbraten. **4** Das **Currypulver** über das Gemüse streuen, alles gut vermengen und kurz anrösten. Dann **Kichererbsen, Kokosmilch** und **Tamari** einrühren, die **Karottenstreifen** unterheben und etwa 10 Minuten abgedeckt köcheln lassen (bei Bedarf noch etwas Wasser hinzufügen). **5** Anschließend mit **Salz, Pfeffer** und **Chilipulver** abschmecken. (Wer das Curry dickflüssiger mag, kann in etwas Wasser aufgelöste **Speisestärke** einrühren. Erneut aufkochen lassen, sodass es abbindet.) **6** Das Curry mit dem gegarten Reis servieren und nach Belieben mit **Chiliringen, Koriander** und **Sesam** garnieren. Mit etwas **Limettensaft** beträufeln und schmecken lassen.

Tipps • Das Gemüse lässt sich beliebig austauschen, zum Beispiel durch Auberginen, Pilze, Blumenkohl, Zuckerschoten, Lauch. Statt Kichererbsen kann man auch andere gekochte Hülsenfrüchte wie Bohnen oder Linsen verwenden – oder gib knusprig gebratene Tofuwürfel hinzu! • Wer mag, kann noch eine fruchtige, süße Komponente wie Ananas oder Mango hinzufügen. • Restliches Curry hält sich in einem verschlossenen Behälter etwa 3 Tage im Kühlschrank und kann auch 3 Monate eingefroren werden.

Nährwerte pro Portion: 632 kcal (F 28 g · KH 70 g · EW 17 g)
glutenfrei, frei von raffiniertem Zucker

Bohneneintopf

Vorbereitungszeit: 15 Minuten
Zubereitungszeit: 15 Minuten + 25–30 Minuten Garzeit

Zutaten für 4 Portionen

2–3 EL Olivenöl (oder anderes Öl)
1 große rote Zwiebel, gewürfelt
4–5 Knoblauchzehen, gehackt
150 g Sellerieknolle, gewürfelt
1 große Karotte, gewürfelt
350 g mehligkochende Kartoffeln, geschält, gewürfelt
je 1 rote und gelbe Paprika, entkernt, gewürfelt
3 EL Tomatenmark
2 TL getrocknete italienische Kräutermischung (aus Basilikum, Rosmarin, Thymian)
2 TL edelsüßes Paprikapulver (oder 1–2 EL Ajvar)
2 Msp. Salz (oder mehr nach Geschmack)
½ TL gemahlener schwarzer Pfeffer (oder mehr nach Geschmack)
80 ml veganer Rotwein (oder Saft + 2 EL Essig; siehe Tipps)
500 ml Gemüsebrühe
1 Dose gehackte Tomaten (400 g)
2 Lorbeerblätter
1 Dose weiße Riesenbohnen (abgetropft 250 g)
1 Dose Kichererbsen (250 g Abtropfgewicht), abgetropft
½ Bund Petersilie, gehackt
100 g Babyspinat, gewaschen, abgetropft (optional)

Nach Belieben zum Servieren

200 g Räuchertofu (oder vegane Würstchen)
Petersilie, gehackt
Fladenbrot

1 Das **Öl** in einem großen Topf oder einer Servierpfanne erhitzen und die **Zwiebeln** darin 2–3 Minuten glasig dünsten. Den **Knoblauch** dazugeben und 30 Sekunden anrösten. Dann **Sellerie, Karotten, Kartoffeln** und **Paprika** dazugeben und 2–3 Minuten anbraten. **2** Nun **Tomatenmark, italienische Kräuter, Paprikapulver, Salz** und **Pfeffer** hinzufügen und einige Sekunden anschwitzen. Mit **Rotwein** ablöschen und kurz einkochen lassen. Dann **Gemüsebrühe,** gehackte **Tomaten** und **Lorbeerblätter** dazugeben und zum Kochen bringen. Den Deckel auflegen, die Hitze reduzieren und etwa 20 Minuten köcheln lassen, bis das Gemüse gar ist, dabei zwischendurch einmal umrühren. **3** Dann **Bohnen, Kichererbsen, Petersilie** und, falls verwendet, **Spinat** dazugeben und noch mal 5–10 Minuten köcheln oder eher ziehen lassen. (Wer möchte, kann noch **Räuchertofuwürfel** oder **vegane Würstchen** anbraten und hinzufügen oder Pfannenbrot zum Servieren zubereiten). **4** Anschließend die Lorbeerblätter entfernen, den Eintopf abschmecken und bei Bedarf nachwürzen. In Schalen füllen, nach Belieben mit **Petersilie** garnieren und mit **Fladenbrot** servieren.

Tipps • Der Salzgehalt variiert, je nachdem, welche Gemüsebrühe man verwendet oder ob man noch Räuchertofu oder vegane Würstchen hinzufügt. Deshalb lieber erst weniger nehmen und später nachsalzen. • Knollensellerie lässt sich gut durch Stangensellerie ersetzen. • Die weißen Riesenbohnen und Kichererbsen kann man durch andere beliebige Bohnen austauschen. Auch gekochte Linsen sind eine gute Alternative. • Der Rotwein sorgt für ein intensiveres Aroma und einen Hauch von Säure und gibt mehr Geschmack. Alternativ kann man mehr Gemüsebrühe oder Apfel- oder Traubensaft plus 2 EL Rotwein-, Apfel- oder Weißweinessig nehmen. • Der Bohneneintopf schmeckt am nächsten Tag, nachdem er durchgezogen ist, sogar noch besser. Reste halten sich im Kühlschrank bis zu 5 Tage und können prima portionsweise für Meal Prep eingefroren werden.

Nährwerte pro Portion: 356 kcal (F 16 g · KH 39 g · EW 9 g)
glutenfrei, frei von raffiniertem Zucker

Linsen-Kürbis-Chili

Vorbereitungszeit: 10 Minuten
Zubereitungszeit: 15 Minuten + 15–20 Minuten Garzeit

Zutaten für 4 Portionen

1 EL Rapsöl
1 Zwiebel, gehackt
4 Knoblauchzehen, gehackt
3 TL Kürbisgewürz (für selbst gemischtes siehe rechts)
1 TL gemahlener Kreuzkümmel
1 TL edelsüßes Paprikapulver
1–2 TL Chilipulver (oder 1 entkernte, gehackte rote Chilischote)
2 TL Kakaopulver
1 EL Tomatenmark
1 rote Paprika, entkernt, gewürfelt
320 g Hokkaido-Kürbis, entkernt, gewürfelt
140 g rote Linsen, abgebraust
1 Dose gehackte Tomaten (400 g)
420 ml Gemüsebrühe (bei Bedarf etwas mehr)
Salz
gemahlener schwarzer Pfeffer
1 Dose schwarze Bohnen (240 g Abtropfgewicht; oder Kidneybohnen), abgebraust, abgetropft
1 Dose Maiskörner (240 g Abtropfgewicht), abgebraust, abgetropft

Nach Belieben zum Servieren

1 Avocado, entkernt, in Scheiben geschnitten
4–5 EL Kokosjoghurt (oder anderer pflanzlicher Joghurt)
Petersilie (oder Koriander)
Sesamsamen
Limettensaft (oder Zitronensaft)

❶ Das **Öl** in einer großen Pfanne oder einem Topf erhitzen und die **Zwiebeln** darin 2–3 Minuten glasig anbraten. Dann den **Knoblauch** hinzugeben und 1 weitere Minute anbraten. Die **Gewürze** mit **Kakaopulver** und **Tomatenmark** hinzufügen und 1 Minute anrösten. ❷ Nun **Paprika-** und **Kürbiswürfel** dazugeben und 1–2 Minuten anbraten. Dann die **Linsen** mit in die Pfanne geben und unterrühren. ❸ Die **Tomaten** hinzufügen, die **Gemüsebrühe** angießen, verrühren und zum Kochen bringen. Die Hitze auf niedrige Stufe reduzieren und etwa 10 Minuten abgedeckt köcheln lassen, bis die Linsen fast gar sind. ❹ Anschließend mit **Salz** und **Pfeffer** abschmecken und nach Bedarf mehr **Chilipulver** hinzufügen. **Bohnen** und **Mais** dazugeben und das Chili noch 5–10 Minuten köcheln lassen (sollte die Mischung zu dick werden, noch mehr **Gemüsebrühe** oder Wasser hinzufügen). ❺ Das Chili in Schalen füllen und nach Belieben mit **Avocadoscheiben,** einem Klecks **Kokosjoghurt, Petersilie, Sesam** und einem Spritzer **Limettensaft** garnieren.

Tipps • Zum Linsen-Kürbis-Chili schmeckt frisches Brot oder gegarter Reis sehr gut. • Statt Kürbis passen auch Süßkartoffeln gut. • Die Bohnen können durch Kichererbsen ausgetauscht werden. • Wenn man andere Linsen verwendet, sollte man unbedingt die auf der Verpackung angegebene Kochzeit beachten, da diese je nach Linsensorte variieren kann. • Aufbewahrung: Restliches Chili kann bis zu 5 Tage im Kühlschrank aufbewahrt oder 2–3 Monate eingefroren werden.

Für selbst gemischtes Kürbisgewürz (Pumpkin Spice) 1 TL gemahlenen Zimt, 1 TL gemahlenen Ingwer, ½ TL geriebene Muskatnuss und ½ TL gemahlenen Piment (alternativ Currypulver) vermischen.

Nährwerte pro Portion: 323 kcal (F 7 g · KH 47 g · EW 18 g)
glutenfrei, frei von raffiniertem Zucker

Mango-Tofu-Curry

Vorbereitungszeit: 10 Minuten
Zubereitungszeit: 20 Minuten

Zutaten für 4 Portionen

200 g Reis (z. B. Basmati- oder Jasminreis)
Salz
400 g Tofu
2 EL Speisestärke
1 ½ EL Currypulver (z. B. Madras-Currypulver)
2–3 EL Olivenöl (oder Kokosöl)
1 Zwiebel, gewürfelt
4 Knoblauchzehen, gehackt
1 EL geriebener Ingwer
1 TL edelsüßes Paprikapulver (oder Chilipulver oder nach Geschmack)
1 EL Tamari (oder Sojasauce)
1 Mango (ca. 350 g Fruchtfleisch), gewürfelt
200 ml Kokosmilch (bei Bedarf etwas mehr; Alternative siehe Tipps)
gemahlener schwarzer Pfeffer
Saft von 1 Limette

Nach Belieben zum Garnieren und Servieren

Koriander oder Petersilie
Frühlingszwiebelringe
Sesamsamen
Brot

Nährwerte pro Portion: 626 kcal (F 29 g · KH 66 g · EW 24 g)
glutenfrei, frei von raffiniertem Zucker

1 Den **Reis** mit **Salzwasser** in einen Topf geben und nach Packungsangaben gar kochen. **2** Währenddessen den **Tofu** trocken pressen und in Würfel schneiden. Dann in eine Schüssel geben und mit **Stärke** und ½ EL **Currypulver** vermengen. **3** 1–2 EL **Öl** in einer Pfanne erhitzen und den Tofu darin von allen Seiten goldbraun und knusprig braten. Anschließend herausnehmen und beiseitestellen. **4** Das restliche **Öl** in der Pfanne erhitzen und die **Zwiebeln** darin 2–3 Minuten anbraten. Dann **Knoblauch** und **Ingwer** dazugeben und 1 weitere Minute rösten. Nun restliches **Currypulver** sowie **Paprikapulver** hinzugeben und kurz mitrösten. Zuletzt mit **Tamari** ablöschen und dann den Pfanneninhalt in einen Mixer geben. **5** **Mangowürfel** und **Kokosmilch** hinzufügen und alles cremig mixen. Mit **Salz, Pfeffer** und **Limettensaft** abschmecken. Dann zurück in die Pfanne gießen und bei geringer Hitze nochmals 2–3 Minuten köcheln lassen (wem die Sauce zu dick ist, kann gern noch mehr **Kokosmilch** oder etwas Wasser hinzufügen). **6** Den Tofu unterrühren und das Mango-Tofu-Curry mit dem gegarten Reis in Schalen servieren. Nach Belieben mit **Kräutern, Frühlingszwiebelringen** und **Sesam** garnieren. Wer möchte, kann noch **Brot** dazu reichen. Guten Appetit!

Tipps • Für einen noch intensiveren Geschmack 1–2 EL Tomatenmark hinzugeben. • Statt Kokosmilch kann man eine andere ungesüßte Pflanzensahne oder Kochcreme nehmen oder 40 g Erdnuss- oder Cashewmus mit 160 ml Wasser verdünnt.

BIANCA
ZAPATKA

Pizzasuppe

Vorbereitungszeit: 10 Minuten
Zubereitungszeit: 10 Minuten + ca. 10 Minuten Garzeit

Zutaten für 6 Portionen

2 EL Olivenöl (oder anderes Öl)
400 g veganes Hack (aus dem Kühlregal; Alternative siehe Tipps)
1 große Zwiebel, gewürfelt
3–4 Knoblauchzehen, gehackt
2 Paprika (rot, orange, gelb oder gemischt), klein gewürfelt
1 Dose Champignons (200 g Abtropfgewicht; optional), abgetropft
1 Dose Maiskörner (260 g Abtropfgewicht), abgetropft
360 ml Gemüsebrühe
200 g Soja-Cuisine (oder Hafer-Cuisine)
400 g passierte Tomaten
1 Dose stückige Tomaten (400 g)
3–4 EL Ajvar (oder Paprika-/Tomatenmark)
150 g veganer Kräuterfrischkäse (oder selbst gemachter Cashew-Ricotta; siehe rechts)
2 EL getrocknete italienische Kräutermischung (aus Basilikum, Oregano, Rosmarin und Thymian)
Salz
gemahlener schwarzer Pfeffer
1 Handvoll Kirschtomaten (optional)

Nach Belieben zum Servieren

veganer Pizzakäse
veganer Parmesan
Petersilie und Thymian (oder andere Kräuter)
Baguette (oder anderes Brot)

❶ 1 EL **Öl** in einer Pfanne erhitzen und das vegane **Hack** darin nach Packungsangaben anbraten. Anschließend beiseitestellen. ❷ Das restliche **Öl** in einem großen Topf erhitzen und die **Zwiebeln** darin 2–3 Minuten anbraten. Dann den **Knoblauch** hinzugeben und 30 Sekunden anrösten. Nun die **Paprika** hinzufügen und kurz weiterbraten. ❸ **Champignons, Mais** und veganes Hack dazugeben. Mit **Gemüsebrühe** ablöschen, **Soja-Cuisine** sowie **passierte** und **stückige Tomaten, Ajvar,** veganen **Kräuterfrischkäse** und **Kräuter** einrühren. Mit **Salz** und **Pfeffer** würzen und etwa 10 Minuten köcheln lassen. Wer mag, kann nach 5 Minuten noch ein paar **Kirschtomaten** hinzugeben. Anschließend abschmecken und bei Bedarf nachwürzen. ❹ Die vegane Pizzasuppe in Schalen servieren und nach Belieben mit veganem **Pizzakäse,** veganem **Parmesan, Petersilie** und **Thymian** garnieren. Dazu **Brot** reichen und schmecken lassen.

Tipps • Veganes Hack aus dem Kühlregal: Alternativ kann man Sojagranulat oder Sonnenblumenhack oder zerkrümelten Tofu nehmen. • Champignons: Wer frische Champignons verwenden möchte, kann diese zunächst separat in einer Pfanne in etwas Öl anbraten und dann hinzufügen. • Frischkäse: Wer keinen veganen Kräuterfrischkäse findet, der kann normalen veganen Frischkäse oder veganen Schmand oder Sour Cream verwenden und einige Kräuter oder beliebige Gewürze hinzufügen. • Pastasauce: Aus diesem Rezept lässt sich auch eine leckere Nudelsauce zaubern. Dafür einfach weniger Gemüsebrühe verwenden.

Für selbst gemachten Cashew-Ricotta 250 g rohe Cashewkerne mindestens 4 Stunden (oder über Nacht) in Wasser einweichen (oder, wenn es schnell gehen muss, 10 Minuten in Wasser kochen). Abgießen, abbrausen und abtropfen lassen. Dann die Cashews mit 80 ml Wasser, 2–3 EL Hefeflocken, 1 geschälten Knoblauchzehe, 2 EL Zitronensaft, 1 Prise edelsüßem Paprikapulver (optional) und etwas Salz und gemahlenem schwarzen Pfeffer im Mixer mit der Pulsfunktion verarbeiten, bis eine Ricotta-artige Konsistenz entsteht. Abschmecken und nach Bedarf etwas mehr Wasser einarbeiten.

Nährwerte pro Portion: 494 kcal (F 20 g · KH 28 g · EW 44 g)
glutenfrei, frei von raffiniertem Zucker

Grünkohl-Apfel-Salat

Zubereitungszeit: 25 Minuten

Zutaten für 4 Portionen

Nuss-Kerne-Saaten-Mix

50 g Walnüsse (oder andere Nüsse oder Kerne)
30 g Kürbiskerne (oder andere Kerne oder Nüsse)
20 g Sesamsamen (oder andere Saaten)
2 TL Olivenöl
1 TL Ahornsirup
1 Prise Chilipulver (optional)

Salat

200 g Grünkohl
Salz
150 g Karotten
2 Äpfel
½ Granatapfel
2 EL getrocknete Cranberrys (oder andere Trockenfrüchte)
75 g veganer Feta (oder geröstete Kichererbsen)

Vinaigrette

4 EL Olivenöl
1 Schalotte, fein gehackt
2 EL Apfelessig (oder 3 EL Zitronensaft)
1 ½ TL Ahornsirup (nach Geschmack)
1 ½ TL Senf
1–2 Prisen Salz
1–2 Prisen gemahlener schwarzer Pfeffer

1 Den Backofen auf 180 °C Ober-/Unterhitze vorheizen und ein Backblech mit Backpapier auslegen. 2 Für den Nuss-Kerne-Saaten-Mix **Walnüsse, Kürbiskerne** und **Sesam** mit **Öl, Ahornsirup** und **Chilipulver** in eine Schüssel geben und alles vermischen. Dann auf dem vorbereiteten Backblech verteilen und im vorgeheizten Ofen 8–10 Minuten rösten, dabei zwischendurch einmal durchmischen. Anschließend aus dem Ofen nehmen und zum Abkühlen beiseitestellen (Pfannenoption siehe Tipps). 3 In der Zwischenzeit für den Salat den **Grünkohl** von den harten Blattrippen befreien, waschen, trocken schütteln und grob hacken. In eine große Schüssel geben, mit etwas **Salz** bestreuen und etwa 1 Minute mit den Händen massieren, bis die Blätter eine dunklere Farbe bekommen. 4 Die **Karotten** schälen und raspeln. Die **Äpfel** waschen, vierteln, entkernen und in dünne Scheiben hobeln. Die Fruchtkerne aus dem **Granatapfel** lösen. 5 Für die Vinaigrette alle **Zutaten** in ein Schraubglas geben, verschließen und kräftig schütteln. 6 Karotten, Äpfel und **Cranberrys** auf dem Grünkohl verteilen und mit der Vinaigrette beträufeln. Mit veganem **Feta** und Granatapfelkernen toppen, zuletzt mit dem Nuss-Kerne-Saaten-Mix bestreuen und sofort servieren (oder für einen noch intensiveren Geschmack den Salat zuerst 10–20 Minuten in der Vinaigrette ziehen lassen, dann erst mit den Zutaten toppen und genießen). Guten Appetit!

Tipps • Pfannenoption: Alternativ kann man die Nüsse, Kerne und Saaten kurz in einer Pfanne ohne Zugabe von Öl anrösten. Dann Öl, Ahornsirup und Chilipulver hinzugeben und kurz unter Rühren karamellisieren. • Nuss-Kerne-Saaten-Mix: Man kann auch andere Nüsse, Kerne oder Saaten nehmen wie Cashewkerne, Pekannüsse, Mandeln,

Fortsetzung auf Folgeseite ▶

Fortsetzung

Grünkohl-Apfel-Salat

Nährwerte pro Portion: 500 kcal
(F 37 g · KH 32 g · EW 11 g)
glutenfrei, frei von
raffiniertem Zucker

Sonnenblumenkerne, Hanfsamen, Pistazien. Stelle dir einfach deine Lieblingsmischung zusammen! ● Trockenfrüchte: Auch Trockenfrüchte wie Rosinen, Pflaumen, Datteln und Aprikosen eignen sich super. ● Für ein reichhaltiges Menü zusätzlich gegarte Quinoa oder geröstete Süßkartoffel- oder Kürbiswürfel zum Salat servieren. Wenn du Quinoa zubereiten möchtest: 150 g Quinoa im Sieb abbrausen, mit etwa 300 ml Gemüsebrühe (oder gesalzenem Wasser) aufkochen und 15–20 Minuten abgedeckt köcheln lassen, bis die Flüssigkeit absorbiert ist (oder nach Packungsangaben garen). Für geröstete Gemüsewürfel: etwa 400 g Süßkartoffel- oder Kürbiswürfel mit 2 EL Olivenöl mischen, salzen, auf ein Backblech geben und im vorgeheizten Backofen bei 200 °C Ober-/Unterhitze etwa 30 Minuten knusprig rösten, dabei zwischendurch einmal wenden.

Süßkartoffel-Buddha-Bowl

Vorbereitungszeit: 20 Minuten
Zubereitungszeit: 25 Minuten

Zutaten für 4 Portionen

Quinoa
185 g Quinoa
ca. 370 ml Wasser
1 Prise Salz

Ofengemüse
1 große Süßkartoffel (ca. 500 g)
250 g Brokkoliröschen (oder anderes Gemüse)
2–3 EL Olivenöl + evtl. etwas mehr zum Einfetten
Salz
gemahlener schwarzer Pfeffer
1 Dose Kichererbsen (240 g Abtropfgewicht)
1 TL edelsüßes Paprikapulver

Rohes Gemüse
150 g Grünkohl (oder Salat oder Spinat)
Salz
4 Minigurken
10 Kirschtomaten
1 kleine Rote Bete

Petersilien-Tahini-Sauce
15 g Petersilie (oder Koriander)
1 Knoblauchzehe
60 ml Tahini (Sesammus)
Saft von ½ Limette
80 ml Wasser (oder bis zur gewünschten Konsistenz)
Salz
gemahlener schwarzer Pfeffer

1 Den Backofen auf 200 °C Ober-/Unterhitze (oder 180 °C Umluft) vorheizen und ein Backblech mit Backpapier auslegen (oder mit **Öl** bepinseln). 2 Die **Quinoa** in einem Sieb abbrausen und mit Wasser und **Salz** in einen Topf geben. Zum Kochen bringen, dann die Hitze reduzieren und 15–20 Minuten abgedeckt köcheln lassen, bis das Wasser vollständig aufgenommen wurde (oder nach Packungsangaben garen). 3 In der Zwischenzeit für das Ofengemüse die **Süßkartoffel** schälen und in 2–3 cm große Würfel schneiden. Die **Brokkoliröschen** waschen und trocken tupfen. Beides in eine Schüssel geben und mit 1–2 EL **Öl,** etwas **Salz** und **Pfeffer** vermengen. Dann auf einer Hälfte des vorbereiteten Backblechs verteilen. 4 Die **Kichererbsen** abbrausen, auf einem Küchentuch gut trocken rubbeln und in eine Schüssel geben. Restliches **Öl, Paprikapulver,** etwas **Salz** und **Pfeffer** dazugeben, vermengen und auf der anderen Hälfte des Backblechs verteilen. 5 Das Backblech in den vorgeheizten Ofen schieben und etwa 25 Minuten rösten, dabei zwischendurch durchmischen, bis das Gemüse gar und die Kichererbsen knackig sind. 6 Während das Gemüse im Ofen gart, für das rohe Gemüse den **Grünkohl** waschen, die dicken Blattrippen entfernen und Grünkohl in mundgerechte Stücke zupfen. In eine Schüssel geben, mit etwas **Salz** bestreuen und kurz einmassieren. Dann beiseitestellen, damit der Grünkohl etwas weicher wird. 7 Inzwischen die **Minigurken** waschen und in Scheiben schneiden. Die **Kirschtomaten** waschen und halbieren. Die **Rote Bete** schälen und in sehr dünne Scheiben schneiden. 8 Für die Petersilien-Tahini-Sauce die **Petersilie** waschen, trocken schütteln und grob hacken. Die **Knoblauchzehe** schälen und ebenfalls grob hacken. Beides mit **Tahini, Limettensaft,** Wasser, etwas **Salz** und **Pfeffer** in einem kleinen Mixer oder

Fortsetzung auf Folgeseite ▶

Fortsetzung

Süßkartoffel-Buddha-Bowl

Nach Belieben zum Garnieren
1 EL Sesamsamen
4 Limettenscheiben

Nährwerte pro Portion: 612 kcal (F 25 g · KH 76 g · EW 19 g)
glutenfrei, frei von raffiniertem Zucker

mit dem Stabmixer pürieren. Abschmecken und bei Bedarf etwas mehr Wasser hinzufügen. **9** Die gekochte Quinoa mit Grünkohl und Gemüse-Kichererbsen-Mischung in Schalen anrichten. Mit Gurken, Tomaten und Roter Bete toppen, nach Belieben mit **Sesam** und **Limettenscheiben** oder anderen Zutaten garnieren und mit der Tahini-Sauce servieren.

Tipps ● Die Backzeit kann nach Größe der Süßkartoffelwürfel und Brokkoliröschen variieren. Wenn das Gemüse schneller fertig sein sollte als die Kichererbsen, kann man es herausholen und die Kichererbsen noch ein paar Minuten länger drin lassen. ● Wer möchte, kann die Süßkartoffel auch mit Schale verwenden. In diesem Fall die Knolle gut waschen.

Süßkartoffel-Linsen-Eintopf mit Grünkohl

Vorbereitungszeit: 10–15 Minuten
Zubereitungszeit: 10 Minuten + ca. 30 Minuten Garzeit

Zutaten für 6 Portionen

1 EL Kokosöl
1 Zwiebel, gewürfelt
3–4 Knoblauchzehen, gehackt
4-cm-Stück Ingwer, gehackt
1 kleine rote Chilischote, entkernt, gehackt (oder Chiliflocken, Chilipulver)
1 ½ TL gemahlener Kreuzkümmel
1 TL gemahlener Koriander
1 ½ EL gelbes Currypulver (z. B. Madras-Currypulver)
½ TL gemahlene Kurkuma
550 g Süßkartoffeln, geschält, in Würfel geschnitten
150 g braune Linsen
Salz
gemahlener schwarzer Pfeffer
600 ml Gemüsebrühe (bei Bedarf etwas mehr)
400 ml Kokosmilch (1 Dose)
100 g Grünkohl, dicke Blattrippen entfernt, grob zerpflückt

Nach Belieben zum Garnieren und Servieren

Petersilie oder Koriander, gehackt
Chiliflocken
Sesamsamen
Limettenspalten
Fladenbrot (oder Naan-Brot)

Nährwerte pro Portion: 360 kcal (F 18 g · KH 37 g · EW 10 g)
glutenfrei, frei von raffiniertem Zucker

❶ Das **Kokosöl** in einer Servierpfanne oder einem großen Topf erhitzen und die **Zwiebeln** darin 2–3 Minuten glasig braten. **Knoblauch, Ingwer** und **Chili** hinzugeben und 30 Sekunden anrösten. **Kreuzkümmel, Koriander, Currypulver** und **Kurkuma** einrühren und kurz anrösten. ❷ **Süßkartoffeln, Linsen,** etwas **Salz** und **Pfeffer** hinzugeben und alles gut vermengen. Mit der **Gemüsebrühe** aufgießen und umrühren. Den Deckel auf die Pfanne setzen und alles zum Kochen bringen. Dann die Hitze reduzieren und den Eintopf etwa 25 Minuten köcheln lassen, bis Süßkartoffeln und Linsen fast gar sind. ❸ **Kokosmilch** und **Grünkohl** unterrühren und den Eintopf abgedeckt noch etwa 5 Minuten weiterköcheln lassen, bis der Grünkohl zusammengefallen ist. Abschmecken und bei Bedarf mit **Salz** und **Pfeffer** nachwürzen. (Wem der Eintopf zu dickflüssig ist, kann noch mehr **Gemüsebrühe** oder Wasser hinzufügen.) ❹ Den Eintopf in Schalen füllen und nach Belieben mit gehackter **Petersilie** oder **Koriander, Chiliflocken** und **Sesam** garnieren und mit **Limettenspalten** zum Beträufeln servieren. ❺ Mit **Fladenbrot** oder **Naan-Brot** oder einfach so genießen.

Tipps • Anstelle von Süßkartoffeln kann man auch normale Kartoffeln oder Kürbis nehmen oder eine Mischung aus allem. Ein Teil lässt sich auch durch Wurzelgemüse wie Pastinaken, Petersilienwurzel oder Kohlgemüse wie Blumenkohl, Brokkoli und Rosenkohl ersetzen. • Statt Grünkohl passt auch Spinat oder Mangold sehr gut. • Bedenke, dass Linsen unterschiedliche Kochzeiten haben können. Daher die Packungsangaben beachten, wenn man eine andere Sorte nehmen möchte.

Blätterteigstangen
(Rezept siehe Seite 78)

Leichte Gerichte und Beilagen

Leichte Gerichte und Beilagen

Blätterteigstangen

Vorbereitungszeit: 10 Minuten
Zubereitungszeit: 10 Minuten + jeweils ca. 15 Minuten Backzeit

Zutaten für jeweils ca. 10 Stück (pro Sorte)

Tomaten-Paprika-Stangen
60 g Tomatensauce (Fertigprodukt; oder passierte Tomaten)
40 g Ajvar
1 TL getrocknete italienische Kräutermischung
1 Knoblauchzehe
Salz
gemahlener schwarzer Pfeffer
1 Rolle veganer Blätterteig aus dem Kühlregal (275 g; optional glutenfrei)
60 g veganer Reibekäse
1–2 EL Soja-Cuisine oder -milch (oder andere ungesüßte Pflanzensahne/-milch; optional)
½–1 TL Mohnsaat (optional)
½–1 TL Sesamsamen (optional)

Spinatstangen
100 g Babyspinat
½ Zwiebel
1 Knoblauchzehe
1 TL Olivenöl
100 g veganer Feta (oder veganer Frischkäse)
Salz
gemahlener schwarzer Pfeffer
1 Rolle veganer Blätterteig aus dem Kühlregal (275 g; optional glutenfrei)
1–2 EL Soja-Cuisine oder -milch (oder andere ungesüßte Pflanzensahne/-milch; optional)
½–1 TL Mohnsaat (optional)
½–1 TL Sesamsamen (optional)

(1) Den Backofen auf 180 °C Umluft vorheizen.

Tomaten-Paprika-Stangen (1) **Tomatensauce, Ajvar** und **italienische Kräuter** in eine Schüssel geben. Die **Knoblauchzehe** schälen, hinzupressen, alles verrühren und mit **Salz** und **Pfeffer** würzen. (2) Den **Blätterteig** entrollen und die Hälfte des Teigs mit der Tomaten-Paprika-Paste bestreichen. Mit veganem **Reibekäse** bestreuen, die andere Teighälfte darüberklappen und andrücken. In etwa 2 cm breite Streifen schneiden, diese mit den Händen verdrehen und auf ein mit Backpapier ausgelegtes Backblech setzen. (3) Optional mit **Sojasahne** bestreichen und mit **Mohn** und **Sesam** bestreuen. Im vorgeheizten Ofen etwa 15 Minuten goldbraun backen.

Spinatstangen (1) **Spinat** waschen und gut abtropfen lassen. **Zwiebel** und **Knoblauchzehe** schälen und hacken. Das **Öl** in einer Pfanne erhitzen, Zwiebeln und Knoblauch darin 2–3 Minuten anbraten. Den Spinat hinzugeben und 1–2 Minuten dünsten, bis er zusammengefallen ist. (2) Die Spinatmischung mit veganem **Feta** im Mixer oder mit dem Stabmixer cremig pürieren und mit **Salz** und **Pfeffer** würzen. (3) Den **Blätterteig** entrollen und die Hälfte des Teigs mit der Spinatcreme bestreichen. Die andere Teighälfte darüberklappen und andrücken. In etwa 2 cm breite Streifen schneiden, verdrehen und auf ein mit Backpapier ausgelegtes Backblech setzen. (4) Optional mit **Sojasahne** bepinseln und mit **Mohn** und **Sesam** bestreuen. Im vorgeheizten Ofen etwa 15 Minuten goldbraun backen.

Tipps • Die Blätterteigstangen pur knabbern oder mit einem Dip servieren, zum Beispiel mit Aioli (siehe Seite 94), Kürbissauce (siehe Seite 135, Schritt 2), süßer Thai-Chilisauce, süßsaurer Sauce (siehe Seite 90), Zaziki (siehe Seite 89), Guacamole (siehe Seite 122) oder Hummus (siehe Seite 103). Oder genieße zu den Blätterteigstangen den Eierpunsch „Eggnog" (siehe Seite 224). • Statt frischem Spinat TK-Spinat verwenden: einfach auftauen lassen und die Flüssigkeit ausdrücken. • Die Blätterteigstangen können auch süß gefüllt werden, zum Beispiel mit veganem Schokoaufstrich oder Konfitüre.

Nährwerte pro Stück: 232 kcal (F 16 g · KH 20 g · EW 5 g)
optional glutenfrei (mit glutenfreiem Blätterteig)

Kräuterbutter

Zubereitungszeit: 10 Minuten + mind. 30 Minuten Kühlzeit

Zutaten für 30 Portionen

45 g Kräuter (z. B. Petersilie, Schnittlauch und Dill)
250 g weiche vegane Butter (oder Margarine)
1 große Knoblauchzehe (oder ½ TL Knoblauchpulver)
1 Msp. Salz
1 Msp. gemahlener schwarzer Pfeffer (oder nach Geschmack)

Nach Belieben zum Garnieren und Servieren

Kräuter, gehackt
Kräutersalz
frisch gebackene Brötchen (siehe Seite 35), frisches Baguette, getoastetes Brot oder Fladenbrot

Nährwerte pro Portion: 44 kcal (F 5 g · KH 0 g · EW 0 g)
glutenfrei, frei von raffiniertem Zucker

❶ Die **Kräuter** waschen, gut trocken schütteln oder tupfen, sehr fein hacken und in eine Schüssel geben. ❷ Die vegane **Butter** dazugeben. Die **Knoblauchzehe** schälen und hineinpressen. **Salz** und **Pfeffer** hinzufügen und alles mit einer Gabel vermengen. ❸ Kräuterbutter auf ein Stück Frischhaltefolie geben und zu einer Rolle formen. Mindestens 1–2 Stunden in den Kühlschrank oder 30 Minuten ins Gefrierfach legen, bis sie fest genug ist, um in Scheiben geschnitten zu werden. ❹ Die Kräuterbutter auswickeln, in Scheiben schneiden und nach Belieben mit gehackten **Kräutern** und **Kräutersalz** bestreuen. ❺ Auf frisch gebackenen **Brötchen, Baguette** oder getoastetem **Brot** oder **Fladenbrot** servieren und schmecken lassen.

Tipps ● Die vegane Kräuterbutter hält sich bis zu 2 Wochen im Kühlschrank und kann bis zu 6 Monate eingefroren werden. ● Je länger sie durchzieht, umso aromatischer wird sie.

Ofengemüse

Vorbereitungszeit: 15 Minuten
Zubereitungszeit: 10 Minuten + 35–40 Minuten Backzeit

Zutaten für 6 Portionen

200 g kleine, eher festkochende Kartoffeln (z. B. Drillinge)
3 kleine Rote Beten (ca. 200 g)
150 g Rosenkohl
1–2 große Karotten
1 rote Zwiebel
2–4 Knoblauchzehen
1 rote Paprika
200 g Champignons
3–4 EL Olivenöl + evtl. etwas mehr zum Einfetten
2 TL getrocknete italienische Kräutermischung
2–3 Zweige Rosmarin
2–3 Zweige Thymian
Salz
gemahlener schwarzer Pfeffer
200 g Kirschtomaten

Nach Belieben zum Garnieren und Servieren

Tofu-Feta (siehe Seite 85), zerbröselt
Pinienkerne, geröstet (oder andere Kerne, Nüsse, nach Belieben gehackt)
Petersilie (oder andere Kräuter wie Schnittlauch, Dill, Minze)
Granatapfelkerne
Hummus (siehe Seite 103), Zaziki (siehe Seite 89), süßsaure Sauce (siehe Seite 90) oder Guacamole (siehe Seite 122)

1 Den Backofen auf 200 °C Ober-/Unterhitze (oder 180 °C Umluft) vorheizen und ein Backblech mit Backpapier auslegen (oder mit **Öl** bepinseln oder eine flache große Auflaufform verwenden). 2 **Kartoffeln** und **Rote Beten** waschen, trocken tupfen und ungeschält halbieren. Den **Rosenkohl** putzen, waschen und längs halbieren. **Karotten** waschen und in Stifte schneiden. Die **Zwiebel** schälen und vierteln. Die **Knoblauchzehen** schälen und zerdrücken. **Paprika** waschen, halbieren, entkernen und in mundgerechte Stücke schneiden. Die **Champignons** säubern und in Scheiben schneiden. 3 Das geschnittene Gemüse in eine Schüssel geben. **Öl** und **italienische Kräuter** hinzugeben und alles gut vermischen (man kann die Roten Beten separat in einer Schüssel mit etwas **Öl** mischen, damit das restliche Gemüse nicht verfärbt). 4 Alles gleichmäßig auf dem vorbereiteten Backblech verteilen. **Kräuterzweige** dazwischen platzieren und etwas **Salz** und **Pfeffer** darüberstreuen. Im vorgeheizten Ofen 35–40 Minuten backen. Die **Kirschtomaten** waschen und am besten erst 10 Minuten vor Ende der Backzeit zwischen das Gemüse legen. 5 Aus dem Ofen nehmen, auf Teller verteilen und nach Belieben mit **Tofu-Feta, Pinienkernen, Petersilie** und **Granatapfelkernen** garnieren. Dazu nach Geschmack **Hummus, Zaziki, süßsaure Sauce** oder **Guacamole** servieren.

Tipps • Statt Roter Bete und Rosenkohl kann man auch mehr Kartoffeln oder anderes Wurzelgemüse oder Kohlgemüse nehmen wie Süßkartoffeln, Pastinaken, Kohlrabi, Blumenkohl oder Brokkoli. Auch Lauch, Kürbis, Zucchini, Mais oder Auberginen passen super. Hier sind der Kreativität keine Grenzen gesetzt! • Wer keine Champignons mag, kann natürlich auch anderes Gemüse verwenden. • Für mehr Proteine zusätzlich gekochte Kichererbsen, Bohnen oder Linsen dazu servieren.

Nährwerte pro Portion: 167 kcal (F 10 g · KH 13 g · EW 4 g)
glutenfrei, frei von raffiniertem Zucker

Gebratener Rosenkohl

Vorbereitungszeit: 10 Minuten
Zubereitungszeit: 10 Minuten

Zutaten für 4 Portionen
500 g Rosenkohl
1 EL Öl (z. B. Raps-, Sonnenblumen- oder Sesamöl oder vegane Butter)
Salz
gemahlener schwarzer Pfeffer
Nach Belieben zum Toppen
gehobelte Mandeln (oder gehackte Pekannüsse, Walnüsse, Kürbiskerne)
Tofu-Feta (siehe rechts) oder veganer Feta, zerbröselt
Petersilie, gehackt
Granatapfelkerne
Sesamsamen (oder Hanfsamen)
1 Spritzer Zitronensaft
Nach Belieben zum Servieren
Kartoffelpüree

Nährwerte pro Portion: 65 kcal (F 1 g · KH 5 g · EW 5 g)
glutenfrei, frei von raffiniertem Zucker

(1) Den **Rosenkohl** putzen, waschen und längs halbieren. (2) Wasser in einem Topf zum Kochen bringen und den Rosenkohl darin 3–4 Minuten blanchieren, bis er sich leuchtend grün färbt. Abgießen und abtropfen lassen. (3) In der Zwischenzeit nach Belieben die gehobelten **Mandeln** in einer großen Pfanne ohne Zugabe von Öl 1–2 Minuten unter häufigem Schwenken anrösten. Anschließend in eine Schüssel füllen und beiseitestellen. (4) Die Pfanne wieder zurück auf den Herd stellen. Das **Öl** hineingießen und erhitzen. (5) Den blanchierten Rosenkohl in die heiße Pfanne geben und 3–5 Minuten rundum goldbraun anbraten und zuletzt mit **Salz** und **Pfeffer** würzen. (6) Den gebratenen Rosenkohl nach Belieben mit gerösteten Mandeln, **Tofu-Feta, Petersilie, Granatapfelkernen** und etwas **Sesam** garnieren und auf **Kartoffelpüree** servieren. Wer mag, kann noch einen Spritzer **Zitronensaft** darüberträufeln.

Tipps • Den Rosenkohl kann man optional auch im Ofen zubereiten. Dafür die halbierten Röschen einfach auf einem mit Backpapier ausgelegten Backblech verteilen, mit etwas Öl vermengen und 20–30 Minuten bei 180 °C rösten (zwischendurch einmal durchmischen). • Gebratener Rosenkohl passt auch zusammen mit Kartoffelklößen (siehe Seite 153) und brauner Sauce (siehe Seite 150) hervorragend zum Rote-Bete-Wellington (siehe Seite 149).

Für selbst gemachten Tofu-Feta 200–250 g festen Tofu Natur würfeln und in ein Schraubglas geben. 120–140 ml Olivenöl mit 1 EL getrocknetem Basilikum, 1 EL getrocknetem Oregano, 1 TL getrocknetem Thymian, 1–2 gehackten Knoblauchzehen, 1 ½ TL Meersalz, ½–1 TL Paprikaflocken (optional) und 1 TL schwarzen Pfefferkörnern (optional) verrühren, über die Tofuwürfel geben, das Glas verschließen, schütteln und mindestens über Nacht im Kühlschrank ziehen lassen (je länger, desto aromatischer). Hält sich mindestens 1 Woche im Kühlschrank, dabei am besten im weniger kühlen Bereich lagern, damit das Öl nicht fest wird.

Kürbis-Flammkuchen

Vorbereitungszeit: 10 Minuten
Zubereitungszeit: 10 Minuten + ca. 10 Minuten Backzeit

Zutaten für 4 Portionen

Flammkuchenteig

125 g Weizenmehl Type 405 oder Dinkelmehl Type 630 (oder glutenfreies Mehl) + bei Bedarf etwas mehr zum Bestäuben
½ TL Backpulver
½ TL Salz
60 ml Wasser
2 TL Olivenöl

Belag

100 g veganer Frischkäse (Natur oder Kräuterfrischkäse)
125 g Hokkaido-Kürbis, entkernt, in sehr feine Scheiben geschnitten
1 kleine rote Zwiebel, in feine Scheiben geschnitten
50 g Tofu-Feta, zerbröselt (siehe Seite 85; oder Räuchertofu)
Salz
gemahlener schwarzer Pfeffer
1 TL Olivenöl
1–2 EL Kürbiskerne

Zum Garnieren

2 Feigen, in Scheiben geschnitten (oder anderes Obst wie Äpfel, Birnen, Weintrauben)
Petersilie (oder andere frische Kräuter wie Thymian, Oregano, Rosmarin)

Flammkuchenteig ❶ Den Backofen auf 200 °C Ober-/Unterhitze vorheizen, dabei ein Backblech mit hineingeben. ❷ In einer Schüssel **Mehl, Backpulver** und **Salz** miteinander vermischen. Dann Wasser und **Öl** hinzufügen und mit einem Holzlöffel verrühren, bis der Teig zusammenklumpt. Dann mit den Händen weiterkneten, bis ein glatter Teig entsteht, und diesen zu einer Kugel formen. ❸ Den Teig auf einem Stück Backpapier (oder einer leicht **bemehlten** Arbeitsfläche) mit einem Nudelholz zu einem großen Oval ausrollen. Dann den Teigboden auf das heiße Backblech im Ofen legen.

Belag ❶ Den veganen **Frischkäse** auf dem Teig verteilen, dabei einen kleinen Rand frei lassen, und dünn mit **Kürbis-** und **Zwiebelscheiben** belegen. Dann den **Tofu-Feta** darüberbröseln, mit **Salz** und **Pfeffer** würzen und mit **Öl** beträufeln. ❷ Zum Schluss mit **Kürbiskernen** bestreuen und den Flammkuchen im vorgeheizten Ofen etwa 10 Minuten knusprig backen. ❸ Anschließend aus dem Ofen nehmen und etwas abkühlen lassen. Mit **Feigenscheiben** belegen und mit **Petersilie** bestreuen. Sofort servieren und genießen.

Tipps ● Die Schale vom Hokkaido-Kürbis ist essbar. Wenn man eine andere Sorte verwendet, muss man den Kürbis eventuell noch schälen. ● Man kann die Gemüse- und Obstsorten nach Belieben austauschen. ● Der Teig sollte möglichst dünn ausgerollt werden, sonst wird er nicht richtig knusprig. Auch Kürbis und Zwiebel sollten in möglichst dünne Scheiben geschnitten werden. ● Man kann dieses Rezept auch mit Trockenhefe anstelle von Backpulver zubereiten. In diesem Fall den Teig mindestens 5 Minuten kneten, dann abdecken und 30 Minuten ruhen lassen, bevor man ihn ausrollt.

Nährwerte pro Portion: 296 kcal (F 15 g · KH 30 g · EW 10 g)
optional glutenfrei (mit glutenfreiem Mehl), frei von raffiniertem Zucker

Linsen-Bulgur-Köfte

Vorbereitungszeit: 10 Minuten
+ 15 Minuten Garzeit
Zubereitungszeit: 20 Minuten

Zutaten für ca. 35 Stück
200 g rote Linsen
200 g feiner Bulgur
2 EL Olivenöl (oder Rapsöl)
2 Zwiebeln, fein gewürfelt
4 Knoblauchzehen, fein gehackt
2 EL Tomatenmark
2 EL Paprikamark (oder Ajvar)
1 ½ TL gemahlener Kreuzkümmel
1 TL scharfes Paprikapulver (oder Chilipulver nach Geschmack)
½ Bund Petersilie, fein gehackt
2–3 Frühlingszwiebeln, fein gehackt
Salz
gemahlener schwarzer Pfeffer

Nach Belieben zum Servieren
Salatblätter
Zaziki (siehe rechts; oder andere Dips nach Wahl)
Gurkenscheiben
Petersilie oder Koriander, gehackt
Sesamsamen
Granatapfelkerne
Zitronenscheiben
Zitronensaft

Nährwerte pro Stück: 51 kcal
(F 1 g · KH 8 g · EW 2 g)
frei von raffiniertem Zucker

1 Die **Linsen** in ein feines Sieb geben, gründlich waschen und abtropfen lassen. Dann mit 500 ml Wasser in einen Topf geben und 15 Minuten kochen. Anschließend den **Bulgur** unterrühren und abgedeckt etwa 10 Minuten quellen lassen (bei Bedarf kann man ein bisschen mehr heißes Wasser hinzugeben). **2** Währenddessen das **Öl** in einer Pfanne erhitzen und die **Zwiebeln** darin 2–3 Minuten anbraten. Den **Knoblauch** hinzugeben und 1 Minute anrösten. Dann **Tomatenmark, Paprikamark, Kreuzkümmel** und **Paprikapulver** hinzugeben und 30 Sekunden anschwitzen. **3** Linsen-Bulgur-Mischung mit der Zwiebelmischung in eine Schüssel geben. **Petersilie, Frühlingszwiebeln,** 1 TL **Salz** und 1 TL **Pfeffer** hinzugeben und alles gut vermengen. Abschmecken und bei Bedarf nachwürzen. **4** Die Linsen-Bulgur-Masse mit feuchten Händen zu länglichen Köfte (oder auch zu Bällchen oder Talern) formen. **5** Nach Belieben auf **Salatblättern** mit **Zaziki** oder anderen **Dips** anrichten und mit **Gurken, Petersilie** oder **Koriander, Sesam, Granatapfelkernen** und **Zitronenscheiben** garnieren und mit etwas **Zitronensaft** beträufeln. Guten Appetit!

Tipp ● Die Köfte halten sich gut 5 Tage im Kühlschrank.

Für selbst gemachtes Zaziki (4 Portionen) 1 Gurke (450 g) waschen, ungeschält raspeln, gut salzen und 5–10 Minuten ziehen lassen. In ein feines Sieb geben und die überschüssige Flüssigkeit gut ausdrücken. Gurkenraspel mit 400 g veganem Joghurt Natur (am besten Skyr-Style), 3 gehackten Knoblauchzehen, 1 EL Zitronensaft, 1 EL Olivenöl und etwas gemahlenem schwarzen Pfeffer in eine Schüssel geben und verrühren. Abschmecken und nach Belieben einige gehackte Kräuter (zum Beispiel Petersilie oder Dill) hinzufügen. Das Zaziki lässt sich in einem luftdicht schließenden Behälter bis zu 5 Tage im Kühlschrank aufbewahren.

Süßsaure Sauce

Vorbereitungszeit: 10 Minuten
Zubereitungszeit: 15 Minuten

Zutaten für 4 Portionen

2 TL Sesamöl (oder Raps- oder Sonnenblumenöl)
1 Zwiebel, gewürfelt
2 Knoblauchzehen, gehackt
2 TL gehackter Ingwer
2 kleine rote Chilischoten, entkernt, gehackt (Menge ist abhängig von der gewünschten Schärfe)
½ rote Paprika, entkernt, gewürfelt
2 TL Speisestärke (oder Tapiokastärke)
120 ml Wasser
2 EL Tomatenmark
2 EL Reisessig (oder Weißweinessig)
1 ½ EL Tamari (oder Sojasauce oder Kokos-Aminos)
4 EL Ahornsirup (oder anderer Sirup oder Zucker)
Salz
gemahlener schwarzer Pfeffer

Nährwerte pro Portion: 99 kcal (F 3 g · KH 16 g · EW 2 g)
glutenfrei, frei von raffiniertem Zucker

1 Das **Öl** in einer Pfanne oder einem Topf erhitzen und die **Zwiebeln** darin 2–3 Minuten glasig dünsten. Dann **Knoblauch, Ingwer** und **Chilis** dazugeben und 1 Minute anrösten. Nun die **Paprika** hinzufügen und 2–3 Minuten weiterbraten. 2 Währenddessen in einem kleinen Gefäß die **Stärke** in dem Wasser auflösen und dann zusammen mit **Tomatenmark, Reisessig, Tamari** und **Ahornsirup** in die Paprikamischung rühren. Die Sauce zum Kochen bringen und 1–2 Minuten köcheln lassen, bis sie eindickt. 3 Anschließend optional im Mixer oder mit dem Stabmixer pürieren und bei Bedarf mit etwas **Salz** und **Pfeffer** abschmecken. 4 Die Sauce in ein sauberes Schraubglas oder eine saubere Flasche füllen. Luftdicht verschließen, abkühlen lassen und im Kühlschrank aufbewahren.

Tipps • Die süßsaure Sauce passt sehr gut zu Blumenkohl-Nuggets (siehe Seite 93), Blätterteigstangen (siehe Seite 78), Spinat-Kartoffelpuffern (siehe Seite 94), Ofengemüse (siehe Seite 82) und Zwiebelringen (siehe Seite 98). Sie ist auch Bestandteil der chinesischen Gemüsepfanne (siehe Seite 131). • Am besten gleich die doppelte Menge zubereiten, denn die Sauce hält sich im Kühlschrank bis zu 1 Woche. Sie lässt sich auch gut einfrieren. • Chilischoten: Man kann den Schärfegrad beliebig anpassen, indem man scharfe, mittelscharfe oder milde rote Chilischoten oder fruchtige rote Paprika verwendet. Alternativ kann man getrocknete Chiliflocken oder scharfes Paprikapulver verwenden. • Kokos-Aminos ist eine sojafreie herzhafte Würzsauce, die aus Kokosblütennektar hergestellt wird. Sie wird als Ersatz für Sojasauce verwendet.

Knusprige Blumenkohl-Nuggets Popcorn-Style mit süßsaurer Sauce

Vorbereitungszeit: 10 Minuten
Zubereitungszeit:
ca. 30 Minuten (inkl. Sauce)

Zutaten für 4 Portionen

Blumenkohl

1 mittelgroßer Blumenkohl
65 g Kichererbsenmehl
⅓ TL Salz
1 Msp. gemahlener schwarzer Pfeffer
80 g Panko-Semmelbrösel (bei Bedarf glutenfreies Paniermehl)
1 TL edelsüßes Paprikapulver
Kochspray (optional)

Zum Servieren

1 Rezeptmenge süßsaure Sauce (siehe Seite 90; oder gekaufte süße Thai-Chilisauce)
1 EL Sesamsamen
2 EL gehackte Frühlingszwiebeln

Nährwerte pro Portion: 173 kcal (F 3 g · KH 24 g · EW 11 g)
optional glutenfrei (mit glutenfreiem Paniermehl), frei von raffiniertem Zucker

1 Den Backofen auf 200 °C Ober-/Unterhitze vorheizen und ein Backblech mit Backpapier auslegen. 2 Den **Blumenkohl** putzen, waschen und in kleine Röschen teilen. 3 In einer großen Schüssel **Kichererbsenmehl,** 120 ml Wasser, **Salz** und **Pfeffer** zu einem Teig verrühren. In einer anderen Schüssel die **Panko-Semmelbrösel** mit dem **Paprikapulver** vermischen. 4 Die Blumenkohlröschen nacheinander zuerst in den Teig tunken, dann in den Semmelbröseln wälzen und anschließend mit genügend Abstand auf das vorbereitete Backblech legen. (Optional die Röschen noch mit **Kochspray** besprühen, damit sie besonders knusprig werden.) 5 Im vorgeheizten Ofen je nach Größe der Röschen 20–25 Minuten backen, bis sie gar sind. 6 Währenddessen zum Servieren die **süßsaure Sauce** nach Angaben im Rezept zubereiten. 7 Die Blumenkohl-Nuggets auf Teller geben, mit der Sauce beträufeln und mit **Sesam** und **Frühlingszwiebeln** bestreuen.

Tipps • Der Blumenkohl schmeckt am besten, wenn er sofort gegessen wird, sobald er knusprig aus dem Ofen kommt. Die Reste kann man getrennt von der Sauce aufbewahren und den Blumenkohl vor dem Servieren im Ofen aufwärmen. • Zu den Nuggets passen auch andere Dips wie Aioli (siehe Seite 94) oder Hummus (siehe Seite 103).

Spinat-Kartoffelpuffer

Vorbereitungszeit: 10 Minuten
+ ca. 25 Minuten Garzeit
Zubereitungszeit: 20 Minuten

Zutaten für 6 Stück

400 g festkochende Kartoffeln (oder übrige Pellkartoffeln vom Vortag)
2–3 EL Olivenöl
3 Knoblauchzehen, gehackt
90 g Spinat, gehackt (oder TK-Spinat, aufgetaut, ausgedrückt)
30 g Weizenmehl Type 405 oder Dinkelmehl Type 630 (oder glutenfreies Mehl)
2 EL Hefeflocken
gut ½ TL Salz
1 Msp. gemahlener schwarzer Pfeffer
30 g veganer Reibekäse
2 EL Paniermehl (bei Bedarf glutenfrei)

Nach Belieben zum Servieren

Frühlingszwiebelringe
Petersilie
Aioli (siehe unten; oder süßsaure Sauce, siehe Seite 90)

❶ Die **Kartoffeln** gut waschen und ungeschält gar kochen. Anschließend das Kochwasser abgießen und die Kartoffeln ausdampfen lassen (oder übrige **Pellkartoffeln** vom Vortag nehmen). ❷ 1 EL **Öl** in einer Pfanne erhitzen und den **Knoblauch** darin kurz anrösten. Dann den gehackten **Spinat** hinzugeben und etwa 2 Minuten dünsten, bis er zusammengefallen ist. ❸ Kartoffeln pellen und mit einem Kartoffelstampfer oder einer Gabel zerdrücken. ❹ Dann **Mehl, Hefeflocken,** Spinat-Knoblauch-Mischung, **Salz** und **Pfeffer** hinzugeben und alles kurz vermengen. ❺ Aus dem Kartoffelteig sechs Kugeln formen, dabei eine Mulde in die Mitte drücken und etwas **Käse** hineingeben. Verschließen, zu Puffern formen und im **Paniermehl** wälzen. ❻ Restliches **Öl** in einer Pfanne erhitzen, die Puffer darin von jeder Seite 3–5 Minuten goldbraun und knusprig braten. ❼ Nach Belieben mit **Frühlingszwiebeln** und **Petersilie** garnieren und mit **Aioli** servieren.

Tipps • Sollte der Kartoffelteig sehr weich sein, etwas mehr Mehl einarbeiten. • Für glutenfreie Kartoffelpuffer glutenfreies Mehl sowie glutenfreies Paniermehl verwenden. • Übrig gebliebene Kartoffelpuffer abgedeckt im Kühlschrank aufbewahren, dann entweder kurz in der Mikrowelle erhitzen oder besser bei 180 °C im Backofen 10–12 Minuten backen, damit sie von außen wieder schön knusprig werden.

Nährwerte pro Stück: 183 kcal (F 9 g · KH 20 g · EW 4 g)
optional glutenfrei (mit glutenfreiem Mehl und Paniermehl), frei von raffiniertem Zucker

Aioli

Zubereitungszeit: 5 Minuten

Zutaten für 4 Portionen

2 Knoblauchzehen
100 g veganer Joghurt Natur (Skyr-Style)
100 g vegane Mayonnaise
Saft von ½ Limette
Salz
gemahlener schwarzer Pfeffer

❶ Die **Knoblauchzehen** schälen und in eine Schüssel pressen. Veganen **Joghurt,** vegane **Mayonnaise** und **Limettensaft** einrühren und die Aioli mit **Salz** und **Pfeffer** abschmecken.

Tipps • Die vegane Aioli hält sich in einem Schraubglas bis zu 1 Woche im Kühlschrank. • Je länger sie durchzieht, umso aromatischer wird sie.

Nährwerte pro Portion: 153 kcal (F 16 g · KH 2 g · EW 1 g)
glutenfrei, frei von raffiniertem Zucker

Veganes Käsefondue

Vorbereitungszeit: 10 Minuten
Zubereitungszeit: 20 Minuten

Zutaten für 6 Portionen

2 größere mehligkochende oder vorwiegend festkochende Kartoffeln
1 große Karotte
100 g rohe Cashewkerne
1 große Zwiebel (oder 2–3 TL Zwiebelpulver)
3–4 Knoblauchzehen (oder 1 TL Knoblauchpulver)
1 EL Olivenöl (oder Rapsöl)
Salz
4 EL Hefeflocken
2 TL Senf (oder weiße Miso-Paste)
1–1 ½ TL Meersalz (oder nach Geschmack)
240 ml veganer Weißwein (oder Gemüsebrühe)
3 EL Tapiokastärke

Nach Belieben zum Servieren

in Stücke geschnittenes Brot (z. B. frisches Baguette, Ciabatta, knuspriges Bauernbrot oder Fladenbrot) oder selbst gebackene Brötchen (siehe Seite 35)
gegarte Kartoffeln oder Pellkartoffeln
gegartes und/oder rohes oder eingelegtes Gemüse (z. B. Brokkoli, Blumenkohl, Karotten, Essiggurken)

Außerdem

Käsefondue-Set mit Fonduetopf, Brenner und Fonduegabeln (optional)

1 **Kartoffeln** und **Karotte** schälen und in 2–3 cm große Würfel schneiden. Dann mit **Cashews** und 360 ml Wasser in einen Topf geben, den Deckel aufsetzen, zum Kochen bringen und 10–15 Minuten kochen, bis das Gemüse weich genug zum Pürieren ist. **2** In der Zwischenzeit **Zwiebeln** und **Knoblauchzehen** schälen und hacken. Das **Öl** in einer Pfanne auf mittlerer Stufe erhitzen. Zwiebeln und eine Prise **Salz** dazugeben und etwa 3 Minuten glasig braten. Dann den Knoblauch hinzufügen und 1 weitere Minute mitbraten, bis er gut duftet. **3** Sobald die Gemüsewürfel gar sind, den gesamten Topfinhalt (inklusive Kochwasser) mit der Zwiebelmischung aus der Pfanne sowie **Hefeflocken, Senf** und **Meersalz** in einen Mixer geben und cremig mixen (oder mit einem leistungsstarken Stabmixer pürieren). **4** Anschließend die Sauce in eine große, tiefe Pfanne (oder einen Topf) gießen. **Weißwein** und **Tapiokastärke** mit dem Schneebesen einrühren und zum Kochen bringen. Kurz köcheln lassen, bis die Käsesauce eindickt und zäh abbindet. Abschmecken und bei Bedarf nachwürzen. **5** Die Sauce in einen Fonduetopf umfüllen oder direkt aus der Pfanne servieren, am besten mit Fonduegabeln. Dazu **Brot, Kartoffeln, Gemüse** oder andere beliebige **Beilagen** reichen.

Tipps ● Kartoffeln und Karotten: Diese Gemüsekombination verwende ich am liebsten für die Herstellung von veganem Käse, aber man kann stattdessen auch Süßkartoffeln, Kürbis, Blumenkohl, weiße Bohnen oder eine Mischung davon nehmen. ● Statt Cashewkernen machen sich auch Macadamianüsse, Sonnenblumenkerne oder geschälte Hanfsamen sehr gut. Eine weitere Option ist cremige Kokosmilch aus der Dose oder anstelle von Cashewkernen und Wasser eine Mischung aus ungesüßter Pflanzenmilch und Pflanzensahne zu gleichen Teilen. ● Tapiokastärke: Diese dickt die Käsesauce ein und gibt ihr eine dehnbare Konsistenz, die an echten Käse erinnert. Wenn du die Zutat nicht hast, kannst du die Sauce stattdessen mit einer anderen Stärke etwas andicken oder das Verdickungsmittel ganz weglassen und einfach nur etwas weniger Wein oder Wasser einarbeiten.

Nährwerte pro Portion: 232 kcal (F 10 g · KH 19 g · EW 7 g)
glutenfrei, frei von raffiniertem Zucker

Zwiebelringe

Vorbereitungszeit: 10 Minuten
Zubereitungszeit:
25 Minuten (Methode 1) oder
5–10 Minuten + ca. 20 Minuten
Backzeit (Methode 2)

Zutaten für 4 Portionen

2 große Gemüsezwiebeln

Backteig

80 g Weizenmehl Type 405 oder Dinkelmehl Type 630 (oder glutenfreies Mehl)
1 TL Backpulver
2 EL Speisestärke (18 g)
3 EL Hefeflocken (oder veganer Parmesan)
1 TL edelsüßes Paprikapulver
1 TL Knoblauchpulver
1 TL Salz
¼ TL gemahlener schwarzer Pfeffer
160 ml ungesüßte Sojamilch (oder andere Pflanzenmilch)

Für Methode 1 (Pfanne/Topf)

ca. 1 l Bratöl (je nach Größe der Pfanne)

Für Methode 2 (Backofen)

120 g Paniermehl (oder glutenfreies Paniermehl)
Kochspray (Ölspray)

Zum Servieren

1 Rezeptmenge Aioli (siehe Seite 94) oder andere Dips nach Wahl (siehe auch Tipps)

Nach Belieben zum Garnieren

Kräuter (z. B. gehackte Petersilie oder Minzeblätter)
Zitronenspalten

(1) Die **Zwiebeln** schälen, quer in etwa 1,3 cm dicke Scheiben schneiden und die einzelnen Zwiebelringe vorsichtig auseinanderdrücken.

Backteig (1) In einer Schüssel **Mehl, Backpulver, Speisestärke, Hefeflocken** (oder veganen **Parmesan**), **Paprikapulver, Knoblauchpulver, Salz** und **Pfeffer** vermischen. Die **Pflanzenmilch** angießen und alles verrühren, bis ein glatter Teig entsteht. (Je nach verwendeter Mehlsorte müsste man eventuell die Konsistenz des Teigs anpassen, indem man mehr Mehl hinzufügt, wenn er zu flüssig ist, oder mehr Flüssigkeit, wenn er zu dick ist.)

Methode 1 (1) So viel **Bratöl** in eine große Pfanne oder einen flachen Topf gießen, dass es mindestens 1 cm hoch steht, und auf 180 °C erhitzen (wenn man einen Holzspieß hineinhält und sich daran rundherum Bläschen bilden, ist das Öl heiß genug). (2) **Zwiebelringe** mit einer Küchenzange in den Teig tunken, sofort ins heiße Öl geben und 1–2 Minuten pro Seite frittieren, bis die Zwiebelringe goldgelb und knusprig sind. Dann herausnehmen und auf Küchenpapier abtropfen lassen. Den Vorgang wiederholen, bis alle Zwiebelringe fertig frittiert sind.

Methode 2 (1) Den Backofen auf 220 °C Ober-/Unterhitze vorheizen und ein Backblech mit Backpapier auslegen. (2) Die **Zwiebelringe** zuerst mit einer Küchenzange in den Backteig tunken, etwas abtropfen lassen und dann im **Paniermehl** wälzen. Auf das vorbereitete Backblech legen, mit **Kochspray** besprühen und etwa 20 Minuten backen, dabei nach der Hälfte der Zeit die Zwiebelringe wenden.

Servieren (1) Die Zwiebelringe sofort mit **Aioli** oder nach Belieben mit anderen **Dips** und mit **Kräutern** garniert servieren. Nach Belieben **Zitronenspalten** dazulegen und schmecken lassen.

Fortsetzung auf Folgeseite ▶

Fortsetzung

Zwiebelringe

Nährwerte pro Portion: 248 kcal (F 11 g · KH 26 g · EW 7 g) optional glutenfrei (mit glutenfreiem Mehl und Paniermehl), frei von raffiniertem Zucker

Tipps ● Aioli: Wer mag, kann noch gehackten Dill oder andere gehackte Kräuter unter die Aioli rühren. ● Mehl: Man kann verschiedene Typen Weizenmehl, Dinkelmehl oder glutenfreies Mehl verwenden. Braunes Reismehl funktioniert auch. Wenn das Mehl und/oder Backpulver klumpig ist, vor der Verwendung sieben. ● Je nach Größe der Pfanne oder des Topfes muss man die Zwiebelringe in mehreren Durchgängen zubereiten. Daher ist es am besten, die fertigen Zwiebelringe bei niedriger Temperatur (etwa 90 °C Ober-/Unterhitze) im Backofen warm zu halten, damit sie nicht matschig werden und knusprig bleiben. ● Falls Zwiebelringe übrig bleiben sollten, kann man sie abgedeckt im Kühlschrank aufbewahren und am nächsten Tag im Ofen aufbacken, bis sie wieder knusprig sind. ● Dips: Zu den Zwiebelringen passt Guacamole (siehe Seite 122), süßsaure Sauce (siehe Seite 90) oder Kürbissauce (siehe Seite 135, Schritt 2) sehr gut. ● Soja: Falls sojafrei erwünscht ist, eine andere ungesüßte Pflanzenmilch verwenden, zum Beispiel Mandel-, Reis- oder Hafermilch.

Gemüsewraps

Vorbereitungszeit: 25 Minuten
Zubereitungszeit: 5 Minuten

Zutaten für 6 Stück

200 g Hummus (Fertigprodukt; oder selbst gemacht; siehe rechts)
6 Vollgemüse-Tortillas (oder Mais-, Weizen- oder glutenfreie Tortillas)
6 Handvoll Salat, Blattgemüse, Kräuter (z. B. Babyspinat, Salatblätter, Weißkohl-/Rotkohlblätter, Kräuter nach Wahl), gewaschen, trocken geschüttelt, Kohl in Streifen geschnitten, Kräuter gehackt
1 Avocado, in Spalten geschnitten
2 Tomaten, in Scheiben geschnitten
½ Gurke, in Stifte geschnitten
1 große Karotte, in Stifte geschnitten
1 Paprika (Farbe nach Wahl), entkernt, in Streifen geschnitten
1 rote Zwiebel, in dünne Ringe geschnitten
170 g gegarte Hülsenfrüchte oder Bohnen (z. B. Kichererbsen, Edamame)
2 EL Tomatenketchup (oder Sriracha-Sauce nach Geschmack)
1 TL Sesamsamen (optional)

Außerdem

Küchengarn (optional)

Nährwerte pro Stück: 563 kcal (F 19 g · KH 76 g · EW 19 g)
optional glutenfrei (mit glutenfreien Tortillas)

❶ Jeweils etwa 2 EL **Hummus** auf die Mitte der **Tortillafladen** geben. (Optional kann man die Tortillas vorher kurz erwärmen). Dann die Mischung aus **Salat, Blattgemüse** und **Kräutern** darauf verteilen und **Avocado, Tomaten, Gurken, Karotten, Paprika** und **Zwiebeln** daraufschichten. ❷ **Hülsenfrüchte** oder **Bohnen** darübergeben, mit **Ketchup** beträufeln, die Außenseiten der Tortillas einklappen und aufrollen. ❸ Damit die Gemüsewraps besser zusammenhalten, kann man nach Belieben noch Küchengarn drumschnüren. Dann halbieren, optional mit **Sesam** bestreuen und sofort genießen oder in Butterbrotpapier einwickeln und bis zum Verzehr in einem luftdicht schließenden Behälter im Kühlschrank aufbewahren.

Tipps • Gemüsesorten: Auch anderes Gemüse wie Radieschen, Mais, Zucchini und Sprossen passt gut als Füllung. • Proteine: Wer möchte, fügt zusätzliche Proteinquellen wie Räuchertofu, Tofu-Feta (siehe Seite 85), veganen Feta oder eine andere vegane Fleischalternative nach Wahl hinzu. • Statt Hummus kann man für die Wraps auch andere Aufstriche oder Dips wie Aioli (siehe Seite 94) nehmen.

Für selbst gemachten Hummus (6 Portionen) 265 g abgetropfte Kichererbsen, 60 g Tahini (Sesampaste), 3 geschälte Knoblauchzehen, ½ TL gemahlenen Kreuzkümmel und Saft von 1 Zitrone im Mixer oder mit dem Stabmixer cremig pürieren, dabei nach und nach etwa 80 ml Wasser bis zur gewünschten Konsistenz einarbeiten. Abschmecken und nach Wunsch nachwürzen. Hummus in eine Schale füllen und nach Belieben mit 1–2 EL Olivenöl, Paprikapulver, Sesamsamen und Minzeblättern garnieren. Hält sich gut verschlossen im Kühlschrank 3–5 Tage.

Süßkartoffelwaffeln Mexican-Style

Vorbereitungszeit: 5 Minuten + 20 Minuten Garzeit + Abkühlzeit
Zubereitungszeit: 10 Minuten + Ausbackzeit

Zutaten für 8 Stück

300 g Süßkartoffeln
160 ml ungesüßte Pflanzenmilch (z. B. Soja- oder Mandelmilch; alternativ Wasser)
1 EL Apfelessig (oder Weißweinessig oder 2 EL Zitronensaft)
1 EL Raps- oder Sonnenblumenöl + etwas mehr zum Einfetten
Salz
gemahlener schwarzer Pfeffer
1 TL edelsüßes Paprikapulver (oder andere Gewürze, z. B. Curry- oder Chilipulver; optional)
180 g Weizenmehl Type 405 oder Dinkelmehl Type 630 (oder glutenfreies Mehl)
2 EL Speisestärke
1 TL Backpulver
½ TL Natron (oder 1 TL mehr Backpulver)

Nach Belieben zum Belegen und Garnieren

Avocadospalten
Kidneybohnen
Tomatenscheiben
Radieschenscheiben
Sriracha-Sauce
Gartenkresse
Sesamsamen

Außerdem

Waffeleisen für belgische Waffeln (alternativ anderes Waffeleisen verwenden)

1 **Süßkartoffeln** schälen, in kleine Stücke schneiden und in einen Topf geben. Mit etwas Wasser bedecken, zum Kochen bringen, die Hitze reduzieren und etwa 20 Minuten weich garen. 2 Anschließend abgießen. Dann mit einem Kartoffelstampfer zerstampfen und abkühlen lassen. 3 Das abgekühlte Süßkartoffelpüree mit **Pflanzenmilch, Apfelessig, Öl,** etwas **Salz, Pfeffer** und **Paprikapulver** (optional) verrühren. 4 **Mehl, Stärke, Backpulver** und **Natron** in eine Schüssel sieben. Dann die Süßkartoffelmischung hinzugeben und alles mit einem Teigschaber kurz zu einem dicken Teig vermengen (nicht zu lange rühren, sonst werden die Waffeln zäh). 5 Das Waffeleisen vorheizen und **einfetten.** Dann den Teig portionsweise hineingeben und sechs bis acht Waffeln (je nach Größe des Waffeleisens) goldbraun ausbacken. 6 Die Waffeln nach Belieben mit **Avocado, Bohnen, Tomaten** und **Radieschen** belegen und mit **Sriracha-Sauce, Kresse** und **Sesam** oder anderen **Toppings** garnieren. Guten Appetit!

Tipps • Statt Süßkartoffeln kann man Kürbis oder Bananen nehmen. • Für süße Waffeln die Gewürze weglassen und stattdessen etwas Ahornsirup, Agavendicksaft, Dattelsirup oder andere Süßungsmittel wie Zucker oder Xylit sowie etwas gemahlene Vanille und/oder Zimt hinzufügen. • Das Waffeleisen darf man nie zu früh öffnen, sonst teilen sich die Waffeln. • Wer kein Waffeleisen hat, kann stattdessen Waffel-Silikonformen verwenden und die Waffeln im vorgeheizten Backofen bei 180 °C Ober-/Unterhitze etwa 20 Minuten backen. • Übrig gebliebene Waffeln kann man im Kühlschrank aufbewahren und vor dem Verzehr kurz in der Mikrowelle aufwärmen oder im Toaster aufbacken. Dann werden sie wieder richtig schön weich und fluffig.

Nährwerte pro Stück: 156 kcal (F 3 g · KH 30 g · EW 3 g)
optional glutenfrei (mit glutenfreiem Mehl), frei von raffiniertem Zucker

Ravioli-Herzen
(Rezept siehe Seite 110)

Hauptgerichte

Hauptgerichte

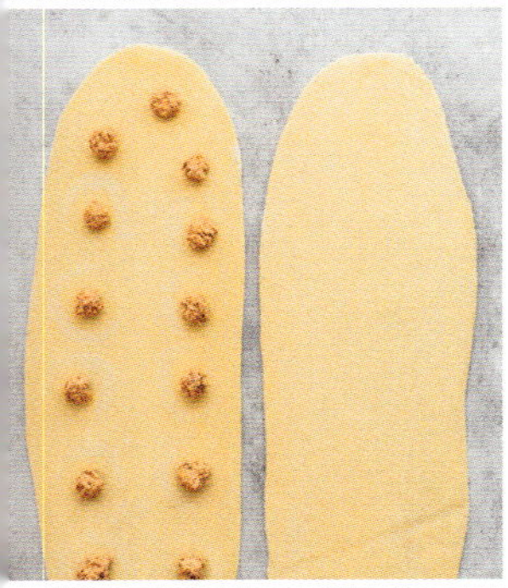

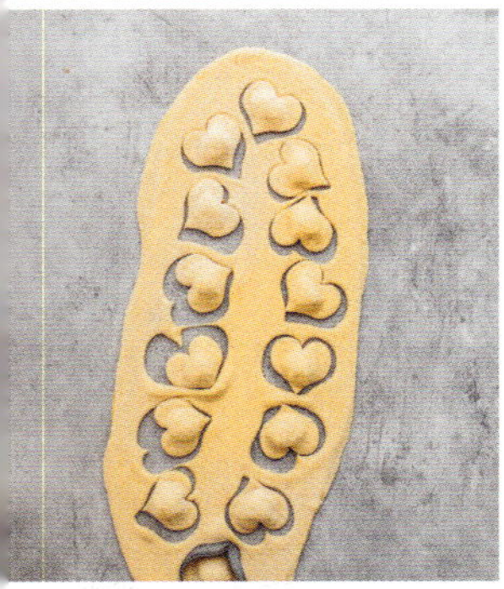

Ravioli-Herzen

Vorbereitungszeit: 20 Minuten + 30 Minuten Kühlzeit
Zubereitungszeit: 30 Minuten

Zutaten für 4 Portionen

Nudelteig
150 g Weizenmehl Type 405 oder Dinkelmehl Type 630 (oder glutenfreies Mehl) + etwas mehr zum Bestäuben
150 g Hartweizengrieß (oder mehr Mehl)
½ TL Salz
2 TL Olivenöl

Tomatenfüllung
100 g getrocknete Tomaten
200 g veganer Frischkäse (oder veganer Feta)
2 TL getrocknete italienische Kräutermischung
Salz
gemahlener schwarzer Pfeffer

Zum Servieren
1 Rezeptmenge Tomatensauce aus dem Ofen (siehe Seite 113)

Nach Belieben zum Garnieren
Basilikum
geröstete Pinienkerne
halbierte Kirschtomaten

Außerdem
Herz-Ausstechform oder andere Form nach Wahl

Nährwerte pro Portion: 438 kcal (F 16 g · KH 59 g · EW 13 g)
optional glutenfrei (mit glutenfreiem Mehl)

Nudelteig (1) **Mehl, Grieß** und **Salz** in einer Schüssel vermischen und in die Mitte eine Mulde hineindrücken. 150 ml Wasser und **Öl** hineingießen und alles vermengen, bis das Wasser aufgenommen wurde. Auf eine Arbeitsfläche geben und mit den Händen weiterkneten, bis ein glatter Teig entsteht. (2) Den Teig anschließend halbieren, zu Kugeln formen, einzeln in Frischhaltefolie wickeln und mindestens 30 Minuten in den Kühlschrank stellen.

Tomatenfüllung (1) **Getrocknete Tomaten,** veganen **Frischkäse** und **italienische Kräuter** mit dem Stabmixer cremig pürieren. Mit **Salz** und **Pfeffer** abschmecken. (Sollte die Füllung zu trocken sein, etwas Wasser hinzugeben.)

Ravioli zubereiten (1) Beide Teigkugeln auf einer leicht **bemehlten** Arbeitsfläche zu langen dünnen Nudelbahnen ausrollen. (2) Die Tomatenfüllung mit genügend Abstand in kleinen Portionen auf eine Nudelbahn setzen. Die andere Nudelbahn darauflegen und mit einer Herzform um die Füllungen Herzchen ausstechen. Die Ränder zunächst mit den Fingern und dann mit einer Gabel vorsichtig festdrücken. Restlichen Teig wieder zusammenfügen, erneut ausrollen, füllen und ausstechen, bis alle Zutaten aufgebraucht sind. (Optional kann man aus den Teigresten auch andere Nudelformen machen.) (3) **Salzwasser** in einem großen Topf zum Kochen bringen. Die Ravioli hineingleiten lassen und 3–4 Minuten simmernd garen, bis sie an der Oberfläche schwimmen. (4) Mit einer Schaumkelle herausnehmen und die Ravioli-Herzen mit Tomatensauce servieren, dabei nach Belieben mit **Basilikum, Pinienkernen** und **Kirschtomaten** garnieren. Guten Appetit!

Tipps • Für den Nudelteig kann man sowohl Weizen- als auch Dinkelmehl oder eine glutenfreie Mehlmischung verwenden. Für glutenfreie Ravioli den Grieß durch glutenfreies Mehl ersetzen. • Ravioli vorbereiten: Wie angegeben ausstechen, auf eine leicht bemehlte große Platte legen, dann mit Frischhaltefolie abdecken, damit die Ravioli nicht trocken werden, und bis zum Kochen im Kühlschrank aufbewahren. • Die Ravioli lassen sich auch gut einfrieren. Man braucht sie nicht aufzutauen, sondern kann sie gefroren direkt ins kochende Wasser geben und garen, eventuell brauchen sie dann 1–2 Minuten länger.

VEGAN FOOD LOVE
BIANCA

Tomatensauce aus dem Ofen

Vorbereitungszeit: 10 Minuten
Zubereitungszeit: 10 Minuten + ca. 30 Minuten Backzeit

Zutaten für 4 Portionen

1 Zwiebel
4 Knoblauchzehen
3 EL Olivenöl
1–2 EL Tomatenmark
1 ½ TL getrocknete italienische Kräutermischung (oder 1 ½ EL frisch gehackte Kräuter)
2 TL Rohrohrzucker (oder anderer Zucker nach Belieben)
1 TL Salz (oder nach Geschmack)
1 TL gemahlener schwarzer Pfeffer (oder nach Geschmack)
1 kg Tomaten

Nährwerte pro Portion: 169 kcal
(F 12 g · KH 11 g · EW 3 g)
glutenfrei

❶ Den Backofen auf 200 °C Ober-/Unterhitze (oder 180 °C Umluft) vorheizen. ❷ Die **Zwiebel** schälen und fein hacken. Die **Knoblauchzehen** schälen und durch die Knoblauchpresse drücken. Beides mit **Öl, Tomatenmark, italienischen Kräutern, Rohrohrzucker, Salz** und **Pfeffer** in eine große Auflaufform geben und vermengen. Dann gleichmäßig in der Form verteilen. ❸ Die **Tomaten** waschen, halbieren, die Stielansätze entfernen und mit den Schnittflächen nach unten auf die Zwiebelmischung legen. ❹ Im vorgeheizten Ofen etwa 30 Minuten rösten. Dann herausnehmen und kurz abkühlen lassen. ❺ Die Tomatenhaut vorsichtig abziehen, dann das Tomatenfleisch in der Auflaufform mit einer Gabel zerdrücken und alles vermischen. ❻ Tomatensauce in ein Schraubglas füllen, gut verschließen, abkühlen lassen und bis zur Verwendung kalt stellen.

Tipps ● Diese Tomatensauce wird für die Ravioli-Herzen (siehe Seite 110) verwendet, aber sie passt natürlich zu jeder beliebigen Pastasorte. Am besten frisch gekochte Pasta tropfnass zur heißen Tomatensauce geben, vermengen und sofort servieren. ● Tomaten: Man kann eine beliebige Tomatensorte wählen oder auch verschiedene Sorten kombinieren. Kleine Strauch- oder Kirschtomaten brauchen nicht halbiert zu werden. ● Kräuter: Auch frische Kräuter wie Basilikum, Majoran, Thymian und Rosmarin passen sehr gut. Davon benötigt man dann frisch gehackt 1 ½ EL. ● Aufbewahrung: In einem verschlossenen Glas und im Kühlschrank aufbewahrt, hält sich die Sauce einige Wochen. Optional kann man die Tomatensauce auch dick einkochen. Dann hält sie etwa 12 Monate. Oder man kann sie bis zu 3 Monate einfrieren.

Lasagne

Vorbereitungszeit: 20 Minuten + ca. 15 Minuten Garzeit
Zubereitungszeit: 5–10 Minuten + 45 Minuten Backzeit

Zutaten für 6 Portionen

Bolognesesauce
2–3 EL Olivenöl
500 g veganes Hack (aus dem Kühlregal)
1 große Zwiebel, gehackt
2 Karotten, gehackt
2 Selleriestangen, gehackt
3 Knoblauchzehen, gehackt
2 EL Tomatenmark
1 EL getrocknete italienische Kräutermischung (aus Oregano, Basilikum, Thymian)
120 ml veganer Rotwein (optional)
400 g passierte Tomaten
400 g gehackte Tomaten
Salz
gemahlener schwarzer Pfeffer

Béchamelsauce
30 g vegane Butter
30 g Weizenmehl Type 405 (oder glutenfreies Mehl)
500 ml ungesüßte Sojamilch (oder andere Pflanzenmilch)
Salz
gemahlener schwarzer Pfeffer
1 Prise geriebene Muskatnuss (optional)
2 EL Hefeflocken (oder veganer Parmesan; optional)

Bolognesesauce 1 1–2 EL **Öl** in einer Antihaftpfanne erhitzen. Das **Hack** darin nach Packungsangaben krümelig braten. Anschließend beiseitestellen. 2 Das restliche **Öl** in einer großen tiefen Pfanne oder einem Topf erhitzen. **Zwiebeln, Karotten** und **Sellerie** zugeben und 2–3 Minuten anbraten, bis die Zwiebelstücke glasig sind. Dann den **Knoblauch** dazugeben und 30 Sekunden anrösten. Danach **Tomatenmark** und **italienische Kräuter** hinzufügen und 30 Sekunden anschwitzen. 3 Das Hack unterrühren. Dann mit **Rotwein** ablöschen und kurz einkochen lassen. **Passierte** und **gehackte Tomaten** unterrühren, mit **Salz** und **Pfeffer** würzen und die Bolognesesauce etwa 15 Minuten abgedeckt köcheln lassen, bis sie gut eingedickt ist. 4 Anschließend noch mal abschmecken und etwas abkühlen lassen.

Béchamelsauce 1 Inzwischen die vegane **Butter** in einem Topf bei mittlerer Hitze zerlassen. Das **Mehl** hinzufügen und unter ständigem Rühren 1 Minute anschwitzen. Nun langsam unter ständigem Rühren die **Sojamilch** dazugeben und aufkochen lassen, bis die Sauce andickt. Mit **Salz** und **Pfeffer** und nach Belieben mit **Muskat** und **Hefeflocken** abschmecken. Anschließend vom Herd nehmen und beiseitestellen.

Lasagne schichten 1 Den Backofen auf 200 °C Ober-/Unterhitze (oder 180 °C Umluft) vorheizen. Eine Auflaufform mit ein wenig **Öl** ausstreichen. 2 Zuerst etwas Bolognesesauce dünn auf dem Boden der Auflaufform verteilen. Dann abwechselnd Lasagneblätter, Bolognese- und Béchamelsauce in die Form schichten. Mit einer dicken Schicht Béchamelsauce abschließen. Zum Schluss nach Belieben mit etwas veganem **Käse** bestreuen und im vorgeheizten Ofen etwa 45 Minuten backen (wenn die Oberfläche zu schnell bräunt, mit Backpapier oder Alufolie abdecken). 3 Anschließend etwas abkühlen lassen, damit die Lasagne

Fortsetzung auf Folgeseite ▶

Fortsetzung

Lasagne

Lasagnenudeln
Olivenöl zum Einfetten
9–12 Lasagneblätter ohne Vorkochen (je nach Größe der Form; optional glutenfreie)
Nach Belieben zum Toppen
veganer Reibekäse und/oder veganer Parmesan
Basilikum

Nährwerte pro Portion: 528 kcal (F 17 g · KH 111 g · EW 70 g)
optional glutenfrei (mit glutenfreiem Mehl und glutenfreien Nudeln), frei von raffiniertem Zucker

schnittfester wird. Dann in Stücke schneiden, mit frischem **Basilikum** garnieren und genießen.

Tipps • Die Bolognesesauce kann man prima im Voraus kochen und bis zum Gebrauch im Kühlschrank aufbewahren. • Auch die Lasagne lässt sich gut einen Tag vorher vorbereiten, dann über Nacht im Kühlschrank ziehen lassen und erst am nächsten Tag backen. Ich finde, dass sie dann sogar noch besser schmeckt. • Statt Béchamelsauce passt auch eine Cashewsauce (siehe Seite 132) sehr gut. • Statt veganem Käse kann man Cashew-Ricotta (siehe Seite 65) oder veganen Mozzarella zum Überbacken nehmen oder den „Käse" ganz weglassen. • Wer mag, ersetzt die Hälfte vom Hack durch 250 g gekochte Linsen oder gebratenes Gemüse wie fein gehackte Champignons, Zucchini oder Auberginen. • Für eine Low-Carb-Variante einfach einen Teil der Lasagneblätter durch Zucchini- oder Auberginenscheiben ersetzen.

Fettuccine mit Bohnen-Carbonara

Vorbereitungszeit: 10 Minuten
Zubereitungszeit: 20 Minuten

Zutaten für 4 Portionen

75 g rohe Cashewkerne (oder Cashewmus; alternativ ungesüßte Pflanzensahne; siehe Tipps)
240 ml Gemüsebrühe (bei Bedarf etwas mehr)
Salz
350 g Fettuccine (oder andere Nudeln; optional glutenfreie)
3 TL Rapsöl
1 große Zwiebel, klein gewürfelt
3–4 Knoblauchzehen, gehackt
200 g Räuchertofu, klein gewürfelt
1 Dose weiße Bohnen (250 g Abtropfgewicht), abgetropft
2 ½ EL Hefeflocken
½ TL Chilipulver (oder Paprikapulver; optional)
gemahlener schwarzer Pfeffer
2–3 TL Zitronensaft (optional)

Nach Belieben zum Toppen

2–3 EL veganer Parmesan
Petersilie und Basilikum

Nährwerte pro Portion: 612 kcal (F 14 g · KH 78 g · EW 31 g)
optional glutenfrei (mit glutenfreien Nudeln), frei von raffiniertem Zucker

1 **Cashewkerne** und **Gemüsebrühe** in einen Topf geben, den Deckel aufsetzen und 10–12 Minuten weich kochen. (Alternativ Cashews über Nacht einweichen oder **Cashewmus** nehmen). **2** In der Zwischenzeit reichlich **Salzwasser** in einem Topf zum Kochen bringen und die **Nudeln** darin nach Packungsangaben al dente garen. **3** Parallel dazu die Hälfte des **Öls** in einer kleinen Pfanne erhitzen und die **Zwiebeln** darin 2–3 Minuten anbraten. Dann den **Knoblauch** dazugeben und einige Sekunden anrösten. Herausnehmen und die Pfanne mit Küchenpapier auswischen. **4** Das restliche **Öl** in der Pfanne erhitzen und die **Tofuwürfel** darin rundum 2–3 Minuten anbraten. Dann herausnehmen und beiseitestellen. **5** Die weich gekochten Cashews inklusive der Gemüsebrühe in einen Mixer geben. **Bohnen, Hefeflocken, Chilipulver** und Zwiebelmischung hinzugeben und alles cremig pürieren, dabei nach Bedarf etwas Wasser bis zur gewünschten Konsistenz hinzugeben. Mit **Salz, Pfeffer** und, falls verwendet, **Zitronensaft** abschmecken. **6** Die Nudeln abgießen und mit der Sauce vermengen. Die Tofuwürfel ebenfalls hinzugeben und die Pasta nach Belieben mit veganem **Parmesan, Petersilie** und **Basilikum** toppen. Sofort servieren und schmecken lassen.

Tipps • Nudeln: Du kannst eine beliebige Pastasorte nehmen oder auch Nudeln ohne Ei selbst herstellen. • Cashews: Wer keine Cashewsahne zubereiten möchte (Cashewkerne plus Gemüsebrühe), kann stattdessen 200 ml ungesüßte Pflanzensahne wie Soja- oder Hafer-Cuisine plus etwa 100 ml Gemüsebrühe (oder bis zur gewünschten Konsistenz) verwenden. • Tofu: Räuchertofu dient als Schinken- oder Speckersatz und verleiht dem Gericht ein tolles klassisches Carbonara-Aroma. Alternativ kann man veganen Bacon nehmen oder diese Komponente

Fortsetzung auf Folgeseite ▶

Fortsetzung

Fettuccine mit Bohnen-Carbonara

einfach ganz weglassen. • Gemüse: Wer möchte, kann noch frisches Gemüse wie Spinat, Wirsing, Grünkohl, Rosenkohl, Brokkoli, Pilze, Karotten und Zucchini anbraten oder dünsten und mit der cremigen Pasta servieren. • Protein: Für mehr Protein kann man die Pasta mit gekochten Hülsenfrüchten wie Kichererbsen, Linsen oder Bohnen oder mit einer anderen Fleischalternative wie veganen Hackbällchen servieren. • Aufbewahrung: Restliche Pastasauce hält sich in einem verschlossenen Gefäß im Kühlschrank bis zu 5 Tage. Dann einfach im Topf oder in der Mikrowelle aufwärmen und bei Bedarf etwas Wasser oder ungesüßte Pflanzenmilch zum Verdünnen hinzufügen. Man kann die Sauce aber auch gut einfrieren.

Pilz-Jakobsmuscheln

Vorbereitungszeit: 10 Minuten + mind. 30 Minuten Marinierzeit
Zubereitungszeit: ca. 15 Minuten

Zutaten für 4 Portionen

Marinade
240 ml heiße Gemüsebrühe
1 EL Tamari (oder Sojasauce)
1 EL Miso-Paste (oder mehr Tamari bzw. Sojasauce)
1 TL Ahornsirup (oder anderer Sirup oder Zucker)
½ Nori-Blatt (oder andere Algen), gehackt

Pilz-Jakobsmuscheln
450 g Kräuterseitlinge
1 EL vegane Butter (oder Albaöl oder Olivenöl)
3–4 Stängel Petersilie

Zitronen-Knoblauch-Butter
2 EL vegane Butter (oder Albaöl oder Olivenöl)
3–4 Knoblauchzehen
Saft von 1 Zitrone
Salz
gemahlener schwarzer Pfeffer

Nach Belieben zum Garnieren und Servieren
Sesamsamen
gekochte Pasta, Kartoffelpüree, Salat, Bruschetta oder Avocado-Toast

Nährwerte pro Portion: 120 kcal (F 7 g · KH 3 g · EW 6 g)
glutenfrei, frei von raffiniertem Zucker

(1) Für die Marinade alle **Zutaten** in einer großen Schüssel verrühren. (2) Für die Pilz-Jakobsmuscheln die **Kräuterseitlinge** putzen und die Stiele quer in etwa 2,5 cm dicke Scheiben schneiden. Optional kann man die Schnittflächen noch kreuzweise einritzen. (Die Kappen anderweitig verwenden – siehe Tipps.) (3) Die Pilzscheiben in die Schüssel mit der Marinade geben und gut vermengen. Mindestens 30 Minuten (oder über Nacht) abgedeckt ziehen lassen. (4) Die vegane **Butter** in einer Pfanne zerlassen. Die marinierten Pilzscheiben darin 6–8 Minuten pro Seite goldbraun anbraten. (5) Währenddessen für die Zitronen-Knoblauch-Butter die vegane **Butter** in einer anderen Pfanne zerlassen. Die **Knoblauchzehen** schälen, hineinpressen und 1 Minute anrösten. Mit **Zitronensaft,** etwas **Salz** und **Pfeffer** würzen. (6) Die **Petersilie** abbrausen, trocken schütteln und hacken. (7) Die Pilz-Jakobsmuscheln mit der Zitronen-Knoblauch-Butter begießen und mit **Petersilie** garnieren. (8) Nach Belieben mit **Sesam** garnieren und auf **Pasta, Kartoffelpüree, Salat, Bruschetta** oder **Avocado-Toast** servieren.

Tipps ● Aufbewahrung: Übrig gebliebene Pilz-Jakobsmuscheln halten sich in einem verschlossenen Behälter im Kühlschrank bis zu 5 Tage. Man kann sie auch bis zu 3 Monate einfrieren. Bei Bedarf dann einfach in einer Pfanne oder in der Mikrowelle aufwärmen. ● Die Kappen der Pilze kann man für ein anderes Rezept wie Pilz-Risotto oder (statt der Champignons) für das Rote-Bete-Wellington (siehe Seite 149) oder für das Ofengemüse (siehe Seite 82) und auch für den Nudelauflauf mit Spinat und Pilzen (siehe Seite 132) verwenden.

Gefüllte Paprika

Vorbereitungszeit: 10 Minuten + Reisgarzeit
Zubereitungszeit: 10 Minuten + 40–45 Minuten Backzeit

Zutaten für 4 Portionen

150 g Naturreis (ungekocht; oder anderer Reis oder Quinoa)
300 ml Gemüsebrühe (oder Salzwasser für den Reis)
1 EL Öl
1 Zwiebel, gehackt
2 Knoblauchzehen, gehackt
1 TL edelsüßes Paprikapulver
1 TL Chilipulver (oder mehr, falls schärfer erwünscht)
1 TL gemahlener Kreuzkümmel
1 Dose schwarze Bohnen (240 g Abtropfgewicht; oder andere Bohnen)
1 Dose Maiskörner (180 g Abtropfgewicht)
1 Dose gehackte Tomaten (400 g; oder Passata)
Salz
gemahlener schwarzer Pfeffer
100 g veganer Reibekäse
4 grüne, rote oder gelbe Paprika, halbiert, entkernt

Nach Belieben zum Garnieren und Servieren
milde grüne Chiliringe
Frühlingszwiebelringe
Petersilie oder Koriander
Aioli (siehe Seite 94)

Nährwerte pro Portion: 382 kcal (F 10 g · KH 58 g · EW 11 g)
glutenfrei, frei von raffiniertem Zucker

1 Den **Reis** in **Gemüsebrühe** (oder **gesalzenem** Wasser) nach Packungsangaben gar kochen. Anschließend abkühlen lassen, dabei gelegentlich vorsichtig auflockern (kann auch am Vortag vorbereitet werden). **2** Das **Öl** in einer großen Pfanne erhitzen und die **Zwiebeln** darin 1–2 Minuten glasig dünsten. Dann den **Knoblauch** dazugeben und 30 Sekunden anrösten. Danach **Paprikapulver, Chilipulver** und **Kreuzkümmel** hinzufügen und kurz anschwitzen. **3** Den Herd ausschalten und dann den gegarten Reis mit **Bohnen, Mais** sowie **Tomaten** unterrühren. Nach Geschmack mit **Salz** und **Pfeffer** würzen und 50 g veganen **Reibekäse** untermischen. **4** Den Backofen auf 220 °C Ober-/Unterhitze vorheizen und den Boden einer großen ofenfesten Pfanne mit etwas Wasser bedecken (etwa 60 ml). **5** Die Paprikahälften in die Pfanne legen und mit der Reismischung füllen. Mit restlichem **Käse** bestreuen und mit Alufolie abdecken. **6** Im vorgeheizten Ofen 30 Minuten backen. Dann die Alufolie entfernen, die Ofentemperatur auf 200 °C regeln und weitere 10–15 Minuten backen, bis die Paprika weich und leicht goldbraun sind. **7** Die gefüllten Paprika nach Belieben mit **Chiliringen, Frühlingszwiebeln** und **Petersilie** garnieren und mit **Aioli** servieren.

Tipps • Die gefüllten Paprika schmecken gut mit anderen Dips wie Chipotle-Sauce, Hummus (siehe Seite 103), veganer Mayonnaise, Zaziki (siehe Seite 89), süßsaurer Sauce (siehe Seite 90) oder süßer Thai-Chilisauce oder Guacamole (siehe unten). • Übrig gebliebene gefüllte Paprika kann man abgedeckt 2–3 Tage im Kühlschrank aufbewahren und dann einfach im Ofen oder in der Mikrowelle aufwärmen. • Die restliche Füllung kann bis zu 5 Tage abgedeckt im Kühlschrank aufbewahrt werden. Der Reis schmeckt sowohl kalt als auch warm und eignet sich perfekt als Beilage zu anderen Gerichten.

Für selbst gemachte Guacamole 1 große reife Avocado halbieren, entkernen, das Fruchtfleisch herausheben, grob schneiden und mit 2 gehackten Knoblauchzehen, 1 Spritzer Zitronensaft und etwas Salz und Pfeffer pürieren. – Fertig!

LIEBE
VEGAN FOOD LOVE

Nasi Goreng mit Rührtofu

Vorbereitungszeit: 15 Minuten (ohne Reisgarzeit; optional Vorbereitung am Vortag)
Zubereitungszeit: 25 Minuten

Zutaten für 4 Portionen

Würzpaste
- 1 rote Zwiebel (oder 4 Schalotten), fein gewürfelt
- 4 Knoblauchzehen, gehackt
- 2-cm-Stück Ingwer, gehackt
- 2 rote Chilischoten, entkernt, fein gewürfelt
- 2 EL Sesamöl (oder Erdnuss- oder Rapsöl)

Rührtofu (optional)
- 200 g Tofu Natur
- 1–2 EL Pflanzenöl
- 1 TL Zwiebelpulver (oder ½ TL Knoblauchpulver)
- ½ TL edelsüßes Paprikapulver (optional)
- ⅓ TL gemahlene Kurkuma (optional für die gelbe Farbe)
- ½ TL Kala Namak (optional für den Ei-Geschmack)
- ½ EL Hefeflocken
- 75 g Sojajoghurt Natur (oder 50 ml ungesüßte Pflanzensahne, z. B. Soja- oder Hafer-Cuisine)

Reispfanne
- 2 Karotten, fein gewürfelt
- 1 rote Paprika, entkernt, fein gewürfelt
- 150 g Zucchini, fein gewürfelt
- 400 g gekochter Reis (z. B. Vollkorn-, Jasmin- oder Basmatireis; am besten vom Vortag; siehe Tipps)

Würzpaste ❶ **Zwiebeln, Knoblauch, Ingwer** und **Chili** in einen Mörser geben und gut zerstoßen (oder einen Blitzhacker oder kleinen Mixer verwenden). **Sesamöl** zugeben und alles vermengen. Beiseitestellen (oder abdecken und über Nacht in den Kühlschrank stellen).

Rührtofu (optional) ❶ Den **Tofu** mit Küchenpapier gut trocken tupfen und dann mit den Händen oder einer Gabel grob zerbröseln. ❷ Das **Öl** in einer Pfanne erhitzen und den Tofu darin 4–5 Minuten unter gelegentlichem Rühren anbraten. Dann die **Gewürze** mit den **Hefeflocken** darüberstreuen und alles gut vermengen. Zuletzt den **Sojajoghurt** unterrühren und den Rührtofu bei niedriger Hitze 2–3 Minuten ziehen lassen.

Reispfanne ❶ Währenddessen eine große tiefe Pfanne oder einen Wok ohne Fett erhitzen. **Karotten, Paprika** und **Zucchini** mit der Würzpaste hineingeben und 3–5 Minuten anbraten. ❷ Nun den **Reis** hinzufügen und 2–3 Minuten braten, bis der Reis an einigen Stellen knusprig wird (bei Bedarf etwas **Öl** hinzufügen). Dann **Tamari** und **Kokosblütensirup** unterrühren und zum Schluss die **Erbsen** mit dem Rührtofu untermischen. Mit **Salz** und **Pfeffer** abschmecken. ❸ Das vegane Nasi Goreng in Schalen oder schön geformt auf Tellern servieren und nach Belieben mit **Gurken, Erdnüssen, Sesam, Frühlingszwiebeln** und **Petersilie** oder anderen **Toppings** garnieren. Guten Appetit!

Tipps ● Vorbereiten: Den Reis nach Packungsangaben in Salzwasser gar kochen. Anschließend abkühlen lassen, dabei gelegentlich vorsichtig durchrühren, damit er locker bleibt.

Fortsetzung auf Folgeseite ▶

Fortsetzung

Nasi Goreng mit Rührtofu

nach Bedarf etwas Öl zum Braten
3 EL Tamari (oder Sojasauce)
1 ½ EL Kokosblütensirup (oder anderer Sirup)
100 g TK-Erbsen, aufgetaut
Salz
gemahlener schwarzer Pfeffer

Nach Belieben zum Garnieren
Gurkenstreifen
geröstete Erdnüsse
Sesamsamen
Frühlingszwiebelringe
Petersilie (oder andere frische Kräuter)

Nährwerte pro Portion: 270 kcal (F 9 g · KH 36 g · EW 5 g)
glutenfrei, frei von raffiniertem Zucker

Dann mindestens 2 Stunden (am besten aber über Nacht) ruhen lassen. Wer möchte, bereitet auch die Würzpaste am Tag vorher zu. ● Gemüsesorten: Man kann das Gemüse nach Belieben durch anderes austauschen. ● Proteine: Anstelle von Rührtofu knusprig gebratenen Tofu (siehe Seite 46), veganes Hack oder eine andere Fleischalternative als Proteinquelle zubereiten und hinzufügen. Auch Hülsenfrüchte wie Kichererbsen oder Bohnen sind eine gute proteinreiche Ergänzung. ● Sojasauce: Statt Tamari und Sirup kann man auch Kecap Manis (oder Ketjap Manis, eine dickflüssige süße Sojasauce) verwenden, wie es bei traditionellen indonesischen Nasi-Goreng-Rezepten gemacht wird. ● Bami Goreng: Aus dem Nasi Goreng lässt sich ein Bami Goreng machen, indem man Nudeln statt Reis nimmt.

Kürbis-Quinoa-Burger

Vorbereitungszeit: 25 Minuten
Zubereitungszeit: 25 Minuten

Zutaten für 6 Burger

Pattys

50 g Quinoa
ca. 100 ml Gemüsebrühe (oder Wasser)
1 TL Rapsöl + etwas mehr zum Braten
1 Zwiebel, gewürfelt
2 Knoblauchzehen, gehackt
90 g Haferflocken
1 Dose Kichererbsen (oder Cannellini-Bohnen; 240 g Abtropfgewicht), abgebraust, abgetropft
45 g Walnüsse (oder andere Nüsse oder Sonnenblumen-, Kürbis- oder Hanfsamen, falls nussfrei erwünscht)
½ Bund Petersilie, gehackt
225 g Kürbispüree aus der Dose (oder selbst gemacht; siehe Seite 128)
1 EL Tomatenmark
1 TL getrocknete Kräuter (z. B. eine Mischung aus Basilikum, Oregano, Thymian, Rosmarin)
1 TL gemahlener Kreuzkümmel
½ TL Salz (oder nach Geschmack)
½ TL Cayennepfeffer (oder schwarzer Pfeffer)
½ TL Kürbisgewürz (für selbst gemischtes siehe Seite 61; oder gemahlener Zimt; optional)

1 Für die Pattys die **Quinoa** nach Packungsangaben in **Gemüsebrühe** oder Wasser kochen. Anschließend abkühlen lassen. 2 Inzwischen das **Öl** in einer Pfanne erhitzen und die **Zwiebeln** darin 2–3 Minuten glasig braten. Den **Knoblauch** hinzufügen und 1 weitere Minute anrösten. Dann herausnehmen und etwas abkühlen lassen. 3 Die **Haferflocken** in einer Küchenmaschine grob mahlen. 4 Nun **Kichererbsen, Walnüsse** und **Petersilie** mit der Zwiebelmischung in die Küchenmaschine geben und grob pürieren (oder einen Kartoffelstampfer verwenden). 5 Dann die Kichererbsenmischung in eine große Schüssel geben. **Kürbispüree, Tomatenmark, Kräuter** und **Gewürze** mit Quinoa und gemahlenen Haferflocken hinzufügen und vermengen. Abschmecken und bei Bedarf nachwürzen. 6 Die Mischung in sechs gleich große Portionen teilen (oder mehr, um kleinere Bratlinge zu machen) und zu Burgerpattys formen. 7 Etwas **Öl** in einer großen Pfanne auf mittlerer bis hoher Stufe erhitzen und die Pattys je nach Größe 5–6 Minuten von jeder Seite braten, bis die Kruste goldbraun und die Mitte warm ist (kleinere Bratlinge sind schneller fertig). 8 Währenddessen für den Belag das **Öl** in einer anderen Pfanne erhitzen und die **Pilze** darin goldbraun anbraten. Zum Schluss mit **Tamari** ablöschen, um ihnen mehr Geschmack zu verleihen. 9 Die Schnittflächen der unteren **Brötchenhälften** mit 3–4 EL **Joghurt** (oder **Mayonnaise/Aioli)** bestreichen, etwas **Feldsalat** daraufgeben und mit den Pattys belegen. Restlichen **Joghurt** (oder **Mayonnaise/Aioli),** gebratene Pilze, **Hummus, rote Zwiebeln** und restlichen **Salat** daraufschichten, mit **Granatapfelkernen** toppen, die oberen **Brötchenhälften** auflegen und die Burger servieren. Alternativ die Pattys als Beilage zu anderen Gerichten genießen.

Tipps • Weich/knusprig: Die Burgerpattys sind außen knusprig, aber innen weich und cremig. Wenn man sie knusprig haben möchten, einfach kleinere und flachere Bratlinge

Fortsetzung auf Folgeseite ▶

Fortsetzung

Kürbis-Quinoa-Burger

Belag und Brötchen (optional)
1 TL Rapsöl
200 g Champignons, in Scheiben geschnitten
1 EL Tamari (oder Sojasauce)
6 Burgerbrötchen (Sorte nach Belieben; optional glutenfrei)
6–8 EL veganer griechischer Joghurt Natur (oder vegane Mayonnaise oder Aioli; siehe Seite 94)
2–3 Handvoll Feldsalat, gewaschen, trocken geschleudert
180 g Hummus (Fertigprodukt oder siehe Seite 103)
1 rote Zwiebel, in feine Scheiben geschnitten
Fruchtkerne von ½ Granatapfel

Nährwerte pro Stück: 245 kcal (F 11 g · KH 27 g · EW 9 g)
optional glutenfrei (mit glutenfreien Brötchen), frei von raffiniertem Zucker

formen. ● Quinoa: Dieses Rezept funktioniert auch ohne Quinoa, aber ich füge sie gerne hinzu, um die Konsistenz zu verbessern. Man kann sie weglassen oder stattdessen gegarten Bulgur, Reis oder Couscous verwenden. ● Kichererbsen: Stattdessen passen auch Kidney-, schwarze, Pinto- oder Cannellini-Bohnen. ● Walnüsse: Auch andere Nüsse, Kerne oder Samen können verwendet werden, zum Beispiel Pekannüsse, geröstete Pinienkerne, Hanfsamen, Kürbis- oder Sonnenblumenkerne. ● Backofenmethode: Die Pattys im Backofen bei 180 °C Ober-/Unterhitze 30–40 Minuten backen, dabei nach der Hälfte der Zeit wenden. Am besten vor dem Backen mit ein wenig Öl bepinseln, damit sie außen knusprig werden. ● Vorbereiten, aufbewahren und einfrieren: Man kann die Pattys bis zu 5 Tage im Voraus zubereiten, dann auf einen Teller legen und abdecken oder einzeln einpacken und im Kühlschrank aufbewahren, um sie später zuzubereiten. Oder in einen luftdicht schließenden Behälter oder Gefrierbeutel geben und bis zu 2 Monate einfrieren.

Für selbst gemachtes Kürbispüree Du kannst Kürbispüree auf zwei Weisen zubereiten. ● Kochmethode: Den entkernten (und gegebenenfalls geschälten) Kürbis in Würfel oder Scheiben schneiden, mit etwas Wasser in einen Topf geben und abgedeckt 10–15 Minuten weich kochen (abhängig von der Größe der Stücke). Anschließend abgießen und pürieren. ● Backofenmethode: Den entkernten (und gegebenenfalls geschälten) Kürbis in Scheiben oder Würfel schneiden und im Backofen bei 200 °C Ober-/Unterhitze (oder 180 °C Umluft) 25–50 Minuten backen, bis er weich ist (abhängig von der Größe der Stücke). Aus dem Ofen nehmen und pürieren. ● Aus etwa 600 g entkerntem (geschältem) Kürbis gewinnt man circa 430 g Püree. Für 225 g Püree, die für die Kürbis-Quinoa-Burger benötigt werden, braucht man etwa 320 g entkernten (geschälten) Kürbis. Du kannst Kürbispüree auch auf Vorrat zubereiten und portionsweise einfrieren. Im Kühlschrank hält er sich 3–5 Tage.

Chinesische Gemüsepfanne süßsauer mit Kichererbsen

Vorbereitungszeit: 10 Minuten
Zubereitungszeit: 15 Minuten

Zutaten für 4 Portionen

250 g Basmati- oder Jasminreis
Salz
1 EL Öl (z. B. Raps-, Erdnuss- oder Sesamöl)
1 Zwiebel, in grobe Stücke geschnitten
200 g Aubergine, in grobe Würfel geschnitten
1 Karotte, in grobe Scheiben geschnitten oder gewürfelt
1 rote oder gelbe Paprika (oder beide Farben gemischt), grob gewürfelt
1 Dose Kichererbsen (240 g Abtropfgewicht), abgebraust, abgetropft
1 Rezeptmenge süßsaure Sauce (siehe Seite 90)

Nach Belieben zum Garnieren

Frühlingszwiebelringe
Petersilie
Sesamsamen
Limettenspalten

Nährwerte pro Portion: 486 kcal (F 4 g · KH 83 g · EW 18 g)
glutenfrei, frei von raffiniertem Zucker

1 Den **Reis** gemäß Packungsangaben mit **Salzwasser** im Topf oder Reiskocher garen. **2** Das **Öl** in einer Pfanne oder im Wok erhitzen. **Zwiebeln, Auberginen, Karotten** und **Paprika** etwa 5 Minuten unter gelegentlichem Rühren anbraten. Sobald das Gemüse leicht bräunt, die Hitze reduzieren. Mit etwas **Salz** bestreuen und ein wenig Wasser angießen. Den Deckel aufsetzen und etwa 5 Minuten köcheln lassen, bis das Gemüse gar ist. **3** Sobald das Gemüse gar ist, die **Kichererbsen** und die **süßsaure Sauce** untermischen und bei ausgeschalteter Herdplatte abgedeckt 2–3 Minuten ziehen lassen (falls die Sauce zu dick ist, ein wenig heißes Wasser hinzufügen). **4** Den gegarten Reis auf Schalen verteilen. Das süßsaure Gemüse daraufgeben und nach Belieben mit **Frühlingszwiebelringen, Petersilie** und **Sesam** bestreuen. **Limettenspalten** an den Schalenrand legen, servieren und schmecken lassen.

Tipps • Gemüse: Man kann auch anderes Gemüse wie Zucchini, Brokkoli, Pilze, Zuckerschoten, Bambusstreifen oder Mungbohnensprossen verwenden. • Proteine: Statt Kichererbsen passen andere pflanzliche Proteinquellen als Fleischersatz, zum Beispiel Tofuwürfel, veganes Hähnchengeschnetzeltes oder Bohnen und Linsen. • Fruchtiges: Wer mag, kann auch exotisches Obst wie Ananas oder Mango hinzugeben. • Reste halten sich 3 Tage im Kühlschrank. • Während der Reis- und Gemüsegarzeit kann man die süßsaure Sauce zubereiten, wenn sie nicht schon im Voraus gekocht wurde.

Nudelauflauf mit Spinat und Pilzen

Vorbereitungszeit: 10 Minuten
Zubereitungszeit: 20 Minuten + 20–25 Minuten Backzeit

Zutaten für 6 Portionen

2 EL vegane Butter (oder Margarine)
1 Zwiebel, gewürfelt
2 Knoblauchzehen, gehackt
250 g Champignons, in Scheiben geschnitten
1 EL Weizenmehl Type 405 (oder glutenfreies Mehl)
120 ml veganer Weißwein (optional)
240 ml Gemüsebrühe
1 ½ TL getrocknete italienische Kräuter
Salz
gemahlener schwarzer Pfeffer
1 Prise geriebene Muskatnuss (optional)
400 g Nudeln (Sorte nach Belieben; optional glutenfreie Pasta)
150 g vegane Crème fraîche (oder Kochcreme)
½ Bund Petersilie, gehackt
100 g Babyspinat, gewaschen, abgetropft (oder TK-Babyspinat, aufgetaut)

Nach Belieben zum Toppen

80 g Tofu-Feta (siehe Seite 85; optional)
60 g veganer Reibekäse
Petersilie, gehackt
veganer Parmesan

1 Die vegane **Butter** in einer großen Pfanne zerlassen und die **Zwiebeln** darin 2–3 Minuten glasig braten. **Knoblauch** und **Champignons** hinzugeben und noch mal etwa 5 Minuten braten. Dann mit dem **Mehl** bestreuen, **Wein** und **Gemüsebrühe** angießen. Mit **Kräutern**, etwas **Salz, Pfeffer** und **Muskat** würzen und etwa 5 Minuten köcheln lassen. **2** Währenddessen die **Nudeln** in kochendem **Salzwasser** sehr bissfest kochen (2–3 Minuten weniger, als auf der Verpackung angegeben) und den Backofen auf 200 °C Ober-/Unterhitze (oder 180 °C Umluft) vorheizen. **3** Die vegane **Crème fraîche** unter die Pilzsauce rühren, noch mal abschmecken und bei Bedarf nachwürzen. Dann die **Petersilie** mit dem **Spinat** unter die Sauce mischen. **4** Die Nudeln abgießen und mit der Sauce vermengen. Dann alles in eine Auflaufform füllen und nach Belieben mit **Tofu-Feta** und veganem **Käse** bestreuen. **5** Im vorgeheizten Ofen 20–25 Minuten goldbraun backen. Anschließend nach Belieben mit **Petersilie** garnieren, mit veganem **Parmesan** bestreuen und servieren.

Tipps • Sauce: Dieser Nudelauflauf kann auch mit einer Cashewsauce (siehe unten) oder einer veganen Béchamelsauce (siehe Seite 114) zubereitet werden. • Vegane Crème fraîche: Gibt es im Supermarkt zu kaufen oder man nimmt selbst gemachten Cashew-Ricotta (siehe Seite 65). Oder anstelle von Gemüsebrühe und Crème fraîche einfach nur vegane Kochcreme wie Hafer-, Mandel- oder Soja-Cuisine verwenden. • Gemüse: Statt Champignons und Spinat kann anderes Gemüse wie Wirsing, Grünkohl, Rosenkohl, Brokkoli, Kürbis, Karotten, Auberginen oder Zucchini angebraten und hinzugefügt werden. • Proteine: Räuchertofu oder Hülsenfrüchte wie gekochte Bohnen, Kichererbsen oder Linsen sind eine tolle Ergänzung für mehr Proteine.

Für selbst gemachte Cashewsauce 160 g rohe Cashewkerne, 240 ml Wasser, 2 EL Hefeflocken, ½ TL Salz, ½ TL gemahlenen schwarzen Pfeffer und 2 TL getrocknete Kräuter (Oregano, Basilikum, Thymian) im Mixer glatt und cremig mixen.

Nährwerte pro Portion: 354 kcal (F 12 g · KH 55 g · EW 11 g)
optional glutenfrei (mit glutenfreiem Mehl und glutenfreien Nudeln), frei von raffiniertem Zucker

Kürbis-Käse-Pasta

Vorbereitungszeit: 15 Minuten
Zubereitungszeit: 20 Minuten + 15–20 Minuten Backzeit

Zutaten für 4 Portionen

Auflauf

ca. 450 g Hokkaido-Kürbis, entkernt, in kleine Würfel geschnitten
80 g rohe Cashewkerne (oder Cashewmus oder ungesüßte Pflanzensahne)
360 ml Gemüsebrühe (bei Bedarf etwas mehr)
2 ½ EL Hefeflocken
½ TL Chilipulver (oder Paprikapulver; optional)
2–3 TL Zitronensaft (oder Essig)
1–2 TL Rapsöl
1 Zwiebel, gewürfelt
2–3 Knoblauchzehen, gehackt
Salz
300 g Dinkel-Penne (oder andere Pasta; optional glutenfreie)
150 g Babyspinat, grob gehackt (oder TK-Babyspinat, aufgetaut, ausgedrückt)
gemahlener schwarzer Pfeffer

Nach Belieben zum Toppen

35 g veganer Reibekäse (oder mehr veganer Feta)
45 g veganer Feta (oder Tofu-Feta, siehe Seite 85; oder mehr veganer Reibekäse)
2 EL veganer Parmesan (optional)
Petersilie oder Minze (oder andere Kräuter)

1 Den Backofen auf 180 °C Ober-/Unterhitze vorheizen. 2 200 g **Kürbiswürfel, Cashewkerne** und **Gemüsebrühe** in einen Topf geben und abgedeckt 10–15 Minuten weich kochen. Anschließend alles (samt Flüssigkeit) in einen Mixer geben. **Hefeflocken, Chilipulver** und **Zitronensaft** hinzugeben und zu einer cremigen Sauce pürieren, dabei nach Bedarf etwas Wasser bis zur gewünschten Konsistenz einarbeiten. 3 Während der Garzeit das **Öl** in einer großen Pfanne erhitzen und die **Zwiebeln** darin 2–3 Minuten anbraten. Dann den **Knoblauch** dazugeben und 1 Minute anrösten. Nun die restlichen **Kürbiswürfel** hinzufügen und etwa 5 Minuten dünsten, bis sie etwas weicher sind (bei Bedarf einen Schuss Wasser dazugeben). 4 In der Zwischenzeit **Salzwasser** in einem großen Topf zum Kochen bringen und die **Pasta** etwa 6 Minuten garen (2–3 Minuten kürzer, als auf der Verpackung angegeben). 5 Sobald die Kürbiswürfel etwas weicher geworden sind, den **Spinat** dazugeben, die Pfanne abdecken und 1 Minute garen, bis der Spinat zusammengefallen ist. Das Gemüse kräftig mit **Salz** und **Pfeffer** würzen. Dann die Pasta abgießen, tropfnass dazugeben, die Kürbissauce darübergießen und alles vermengen. 6 Die Pastamischung in eine Auflaufform oder ofenfeste Pfanne geben und nach Belieben den veganen **Reibekäse** mit dem veganen **Feta** darüberstreuen. 7 Dann im vorgeheizten Ofen 15–20 Minuten backen, bis der Käse geschmolzen ist. 8 Anschließend aus dem Ofen nehmen und nach Belieben mit veganem **Parmesan** bestreuen und mit **Petersilie** oder **Minze** garnieren. Sofort servieren und schmecken lassen.

Tipps • Kürbis: Die Schale vom Hokkaido-Kürbis ist essbar, sodass man ihn nicht schälen muss. Wenn man eine andere Kürbissorte verwendet, müsste man die Schale entfernen. • Cashews: Wer keine Cashewsahne zubereiten möchte (Cashewkerne plus Gemüsebrühe), kann die Kürbiswürfel in nur 240 ml Gemüsebrühe weich kochen und mit 200 ml

Fortsetzung auf Folgeseite

Fortsetzung

Kürbis-Käse-Pasta

Nährwerte pro Portion: 511 kcal (F 14 g · KH 78 g · EW 19 g)
optional glutenfrei (mit glutenfreier Pasta), frei von raffiniertem Zucker

ungesüßter Pflanzensahne (zum Beispiel Soja- oder Hafer-Cuisine oder Kokosmilch aus der Dose) sowie den restlichen Zutaten wie oben angegeben cremig pürieren. Mir persönlich schmeckt die Sauce mit Cashews jedoch besser. ● Sauce: Wenn Kürbis gerade keine Saison hat, lässt sich die Sauce sehr gut mit 200 g Süßkartoffeln zubereiten. ● Gemüse: Statt der Spinat-Kürbis-Mischung kann anderes Gemüse wie Wirsing, Grünkohl, Rosenkohl, Brokkoli, Pilze, Karotten oder Zucchini angebraten oder gedünstet und hinzugeben werden. ● Aufbewahrung: Übrig gebliebene Kürbis-Käse-Pasta kann abgedeckt im Kühlschrank aufbewahrt und dann im Backofen oder in der Mikrowelle aufgewärmt werden. Wenn die Pasta zu trocken geworden ist, einfach ein wenig ungesüßte Pflanzenmilch hinzugeben.

Veganes Lachsfilet mit grünem Spargel und Senf-Dill-Sauce

Am Vortag vorbereiten

Vorbereitungszeit: 20 Minuten + mind. 8 Stunden Marinierzeit
Zubereitungszeit: 20 Minuten

Zutaten für 4 Portionen

Tofu-Lachs
400 g Tofu (optional vorher eingefroren, aufgetaut; siehe Tipps)
1 Nori-Blatt
200 ml Rote-Bete-Saft
2 EL Reisessig (oder anderer Essig)
2 EL Tamari (oder Sojasauce)
2 EL Leinöl
1 Msp. Liquid Smoke (Flüssigrauch; optional)
1 ½ TL Knoblauchpulver
ca. 4 EL Speisestärke
3–4 EL Pflanzenöl
Salz
gemahlener schwarzer Pfeffer

Kartoffeln und Spargel
800 g grüner Spargel
700 g Drillinge (kleine Kartoffeln)
Salz

Senf-Dill-Sauce
20 g vegane Butter
20 g Weizenmehl Type 405 oder Dinkelmehl Type 630 (oder glutenfreies Mehl)
200 ml Gemüsebrühe
200 ml Soja-Cuisine
2–3 TL mittelscharfer Senf
2 TL Agavendicksaft (oder anderer Sirup oder Zucker)
1–2 EL Hefeflocken (optional)

Tofu-Lachs vorbereiten (1) Den **Tofu** sehr trocken tupfen und in die Form von vier Lachsfilets schneiden (Tofureste anderweitig verwenden oder den Tofu einfach in vier gleich große Rechtecke schneiden, sodass nichts übrig bleibt). (2) Die Tofu-Filets oben und an den Seiten leicht diagonal einritzen, sodass sie eine Lachsfiletstruktur bekommen. Dann in einen verschließbaren Behälter legen (mit den eingeritzten Seiten nach oben). (3) Aus dem **Nori-Blatt** vier Stücke ausschneiden, sodass sie als „Lachshaut" auf die Unterseite der Tofu-Filets passen, und für den nächsten Tag (oder für den Abend) beiseitelegen. (4) Die restlichen Nori-Stücke klein schneiden und mit **Rote-Bete-Saft, Reisessig, Tamari, Leinöl, Liquid Smoke** (optional) und **Knoblauchpulver** in einem kleinen Gefäß verrühren. Die Marinade über die Tofu-Filets gießen, gut verschließen und mindestens 8 Stunden (oder über Nacht) im Kühlschrank ziehen lassen (eventuell zwischendurch erneut mit der Marinade benetzen).

Kartoffeln und Spargel (1) Am nächsten Tag (oder am Abend) die harten Stielenden vom **Spargel** abschneiden, die Stangen, falls nötig, im unteren Drittel schälen und waschen. (2) Die **Kartoffeln** waschen und ungeschält in einem großen Topf mit **Salzwasser** je nach Größe etwa 10 Minuten garen. (3) Nach etwa 3 Minuten Kochzeit den Spargel zu den Kartoffeln geben und 6–8 Minuten mitgaren.

Tofu-Lachs braten (1) Parallel dazu die zugeschnittenen Nori-Stücke in die Marinade tunken, damit sie besser haften. Dann auf die Unterseite der Tofu-Filets legen und die Filets anschließend in der **Speisestärke** wälzen. (2) Das **Öl** in einer Pfanne auf mittlerer bis hoher Stufe erhitzen und die Filets von beiden Seiten goldbraun und knusprig anbraten. Bei Bedarf mit **Salz** und **Pfeffer** würzen.

Senf-Dill-Sauce (1) Inzwischen die vegane **Butter** langsam in einem kleinen Topf zerlassen. Dann das **Mehl** unterrühren und kurz anschwitzen. **Gemüsebrühe, Soja-Cuisine, Senf, Agavendicksaft, Hefeflocken** und **Kala Namak** hinzugeben und unter Rühren nochmals aufkochen, bis die Sauce schön cremig ist (bei

Fortsetzung auf Folgeseite ▶

Fortsetzung

Veganes Lachsfilet mit grünem Spargel und Senf-Dill-Sauce

1 Prise gemahlene Kurkuma (optional für die Farbe)
½ TL Kala Namak (optional für den Ei-Geschmack)
Salz
gemahlener schwarzer Pfeffer
1 Spritzer Zitronensaft (nach Geschmack)
½ Bund Dill, fein gehackt

Nach Belieben zum Garnieren
Zitronenscheiben
Dillspitzen
Petersilie
Sesamsamen

Nährwerte pro Portion: 649 kcal (F 33 g · KH 58 g · EW 27 g)
optional glutenfrei (mit glutenfreiem Mehl), frei von raffiniertem Zucker

Bedarf kann man etwas mehr Wasser hinzugeben). Mit **Salz, Pfeffer** und **Zitronensaft** abschmecken und zum Schluss den **Dill** unterrühren.

Servieren ❶ Kartoffeln und Spargel abgießen und mit den Tofu-Lachsfilets auf Tellern anrichten. Mit der Sauce beträufeln und nach Belieben mit **Zitronenscheiben, Dill, Petersilie** und **Sesam** garnieren. Guten Appetit!

Tipps ● Am besten friert man den Tofu vorher ein und taut ihn dann wieder auf, damit er mehr Flüssigkeit verliert und die Marinade besser aufgenommen werden kann. ● Tofu-Lachs, Beilagen und Sauce parallel garen beziehungsweise zubereiten, damit alles zeitgleich fertig ist. Dafür alle Zutaten rechtzeitig bereitlegen. ● Die Tofu-Lachsfilets schmecken am besten, wenn sie sofort serviert werden. ● Man kann die Tofu-Lachsfilets auch im Backofen oder in einer Heißluftfritteuse zubereiten. Vorher einfach gut mit Kochspray besprühen, sodass alles gleichmäßig bedeckt ist. Dann bei 200 °C Ober-/Unterhitze etwa 20 Minuten goldbraun backen. ● Übrige Marinade kann man 3 Monate einfrieren und beim nächsten Mal wiederverwenden. ● Restliche Senf-Dill-Sauce hält sich gut verschlossen 3–5 Tage im Kühlschrank – oder ebenfalls 3 Monate einfrieren.

BIANCA ZAPATKA

Vegane Frikadellen wie bei Oma

Vorbereitungszeit: 5 Minuten
Zubereitungszeit: 15 Minuten + 10–12 Minuten Bratzeit

Zutaten für ca. 15 Stück

1 helles Brötchen (optional glutenfrei)
etwas lauwarme ungesüßte Sojamilch zum Einweichen
200 g Tofu Natur (Alternativen siehe Tipps)
200 g Räuchertofu (Alternativen siehe Tipps)
1 Zwiebel, sehr fein gehackt
1 EL Senf
1 TL edelsüßes Paprikapulver
1 TL getrockneter Majoran
50 g Paniermehl (optional glutenfrei)
½ Bund Petersilie, gehackt
Salz
gemahlener schwarzer Pfeffer
1 EL Öl

Nach Belieben zum Servieren
Bratkartoffeln (siehe Seite 142)
Aioli (siehe Seite 94)
Petersilie

Nährwerte pro Stück: 68 kcal (F 2 g · KH 6 g · EW 5 g)
optional glutenfrei (mit glutenfreiem Brötchen und Paniermehl), frei von raffiniertem Zucker

1 Das **Brötchen** grob in Stücke schneiden und mit lauwarmer **Sojamilch** begießen. Etwa 5 Minuten einweichen lassen und danach gut ausdrücken. 2 Währenddessen beide **Tofu-Sorten** mit Küchenpapier trocken pressen, in einer Küchenmaschine fein häckseln und in eine Schüssel geben. Gehackte **Zwiebel, Senf, Paprikapulver, Majoran, Paniermehl, Petersilie,** etwas **Salz, Pfeffer** und das eingeweichte und ausgedrückte Brötchen hinzugeben. Alles mit den Händen zu einem Teig verkneten, der gut zusammenhält. 3 Aus der Masse etwa 15 Frikadellen (à etwa 45 g) formen (oder je nach gewünschter Größe). 4 Das **Öl** in einer großen Pfanne erhitzen und die Frikadellen darin 5–6 Minuten pro Seite goldbraun und knusprig braten. 5 Die Frikadellen nach Belieben mit **Bratkartoffeln** und **Aioli** oder anderen Beilagen und Dips servieren. Mit **Petersilie** garnieren und schmecken lassen.

Tipps ● Tofu-Alternativen: Statt Tofu Natur und Räuchertofu kann man 400 g gekauftes veganes Hack aus dem Kühlregal nehmen. Bohnen oder Linsen sind ebenfalls eine gute Alternative. Man kann auch verschiedene Hülsenfrüchte mit Tofu oder veganem Hack mischen. ● Glutenfrei: Einfach ein glutenfreies helles Brötchen und glutenfreies Paniermehl oder gemahlene Haferflocken verwenden. ● Grill/Backofen: Man kann die Frikadellen auch grillen oder mit etwas Öl bestreichen und im vorgeheizten Backofen bei 200 °C Ober-/Unterhitze etwa 25 Minuten backen, dabei nach der Hälfte der Zeit einmal wenden. ● Aufbewahrung: Restliche Frikadellen halten sich in einem verschlossenen Behälter 4–5 Tage im Kühlschrank. Dann einfach kurz in der Mikrowelle, in der Pfanne oder im Backofen aufwärmen oder auch kalt essen. ● Einfrieren: Ungebratene Frikadellen lassen sich auch einfrieren. Bei Bedarf einfach herausholen und unaufgetaut in einer Pfanne in etwas Öl braten oder im Backofen backen.

Bratkartoffeln

Vorbereitungszeit: 5 Minuten + 10–15 Minuten Garzeit + Ausdampfzeit
Zubereitungszeit: 20 Minuten

Zutaten für 2 Portionen

500 g festkochende kleine Kartoffeln (z. B. Drillinge)
Salz
3–4 EL Rapsöl (oder anderes Öl)
1 Zwiebel, gehackt
100 g Räuchertofu, gewürfelt
gemahlener schwarzer Pfeffer
5–6 Stängel Petersilie, gehackt

Nach Belieben zum Servieren

Aioli (siehe Seite 94)
vegane Frikadellen (siehe Seite 141)

Nährwerte pro Portion: 406 kcal (F 16 g · KH 41 g · EW 16 g)
glutenfrei, frei von raffiniertem Zucker

(1) Die **Kartoffeln** waschen und ungeschält in einem Topf mit **gesalzenem** Wasser 10–15 Minuten (je nach Größe) bissfest garen (oder kleine Pellkartoffeln vom Vortag nehmen). (2) Die Kartoffeln abgießen und ausdampfen lassen. Dann pellen und in etwa 6 mm dicke Scheiben schneiden. (3) 2–3 EL **Öl** einer großen Pfanne auf hoher Stufe erhitzen. Die Kartoffelscheiben nebeneinander in der Pfanne verteilen und 4–5 Minuten ohne zu wenden braten. Sobald die Unterseite goldbraun und knusprig ist, die Kartoffelscheiben wenden und weitere 3–4 Minuten braten. (4) Währenddessen **Zwiebeln** und **Tofuwürfel** in einer anderen kleinen Pfanne im restlichen **Öl** anrösten. Dann zu den Kartoffelscheiben geben und vermengen. Mit **Salz** und **Pfeffer** würzen und mit **Petersilie** bestreuen. (5) Die Bratkartoffeln mit **Aioli** und veganen **Frikadellen** oder mit anderen Beilagen und Dips servieren. Guten Appetit!

Tipps • Aufbewahrung: Restliche Bratkartoffeln kann man in einem verschlossenen Behälter 4–5 Tage im Kühlschrank aufbewahren. Dann einfach kurz in der Mikrowelle, in der Pfanne oder im Backofen aufwärmen. • Einfrieren: Ungebratene, in Scheiben geschnittene Pellkartoffeln lassen sich einfrieren. Bei Bedarf aus dem Gefrierfach holen und unaufgetaut braten.

BIANCA ZAPATKA

Kumpir mit Pulled Jackfruit

Vorbereitungszeit: 5 Minuten
Zubereitungszeit: 20 Minuten + ca. 65–70 Minuten Gar- und Backzeit

Zutaten für 4 Portionen

Ofenkartoffeln
4 große mehligkochende Backkartoffeln
ca. 1 EL Olivenöl
Salz

Rotkrautsalat
¼ Kopf Rotkohl (ca. 300 g; oder Weißkohl)
1–2 EL Rotweinessig (oder Weißweinessig)
1 EL Olivenöl
½ TL Salz

Pulled Jackfruit
400 g Jackfruit aus der Dose (Abtropfgewicht; oder in Streifen zerrupfte Kräuterseitlinge/Austernpilze)
1–2 EL Öl
2 rote Zwiebeln, halbiert, in Ringe geschnitten
3 Knoblauchzehen, gehackt
1 TL edelsüßes Paprikapulver
½ TL Chilipulver (oder nach Geschmack)
1–2 EL Tamari (oder Sojasauce oder Kokos-Aminos; optional)
1 EL Tomatenmark
120 g Barbecue-Sauce (Fertigprodukt)
Salz (bei Bedarf)
gemahlener schwarzer Pfeffer (bei Bedarf)

Nach Belieben zum Servieren
Zaziki (siehe Seite 89; oder Aioli, siehe Seite 94)
Tomaten, klein gewürfelt
eingelegte Peperoni
Petersilie oder Koriander
feine Frühlingszwiebelringe
Chiliflocken

Ofenkartoffeln 1 Den Backofen auf 220 °C Ober-/Unterhitze (oder 200 °C Umluft) vorheizen. 2 Die **Kartoffeln** gut waschen, trocken tupfen und einige Male mit einer Gabel einstechen. Mit **Olivenöl** und etwas **Salz** einreiben, dann in Backpapier oder Alufolie einwickeln und je nach Größe etwa 60 Minuten gar backen.

Rotkrautsalat 1 Inzwischen den **Rotkohl** waschen, den Strunk entfernen und in feine Streifen hobeln. In einer Schüssel mit **Essig, Olivenöl** und **Salz** verkneten und beiseitestellen.

Pulled Jackfruit 1 Die **Jackfruit** in einem Sieb gründlich abbrausen, dann abtropfen lassen und trocken tupfen. Harte Stiele der Jackfruit abschneiden und fein hacken. Die zarten Teile mit den Fingern oder zwei Gabeln zerrupfen. 2 Das **Öl** in einer großen Pfanne erhitzen und die **Zwiebeln** darin 2–3 Minuten anbraten. Dann den **Knoblauch** hinzufügen und 1 Minute anrösten. Nun Jackfruit, **Paprika-** und **Chilipulver** dazugeben und 3–4 Minuten unter gelegentlichem Rühren anbraten. Mit **Tamari** ablöschen, **Tomatenmark** unterrühren und kurz einkochen lassen. Dann die **Barbecue-Sauce** unterrühren, die Pfanne abdecken und 5–10 Minuten auf niedriger Stufe köcheln lassen (bei Bedarf etwas Wasser hinzugeben). 3 Abschmecken und bei Bedarf mit **Salz** und **Pfeffer** würzen.

Kumpir servieren 1 Die Kartoffeln aus dem Ofen nehmen und längs tief einschneiden, aber nicht durchschneiden. Auf Teller setzen, das Innere mit einer Gabel etwas auflockern und mit Pulled Jackfruit und Rotkraut füllen. Nach Belieben mit einem Klecks **Zaziki, Tomaten, Peperoni** sowie **Petersilie, Frühlingszwiebeln** und **Chiliflocken** toppen. Guten Appetit!

Tipps • Übrig gebliebenes Pulled Jackfruit lässt sich in einem verschlossenen Behälter bis zu 1 Woche im Kühlschrank aufbewahren oder auch 3 Monate einfrieren. • Statt Kartoffeln kann man auch Süßkartoffeln nehmen.

Nährwerte pro Portion: 297 kcal (F 11 g · KH 41 g · EW 5 g)
glutenfrei

Vegane Hähnchenkeulen

Vorbereitungszeit: 10 Minuten
Zubereitungszeit:
20 Minuten + Abkühlzeit + ca. 40 Minuten Backzeit

Zutaten für 4 Stück

200 g Austernpilze (oder mehr Jackfruit)
1 Dose Jackfruit (250 g Abtropfgewicht; oder mehr Austernpilze)
2 EL Speisestärke
60 ml veganer Rotwein (oder Gemüsebrühe)
8 Reispapierblätter
4 Zimtstangen

Gewürzmarinade

2 EL Tamari (oder Sojasauce)
3 EL Rapsöl (oder anderes Pflanzenöl)
½ EL Ahornsirup
1 TL edelsüßes Paprikapulver
½ TL Knoblauchpulver
1 TL gemahlener Kreuzkümmel
2-cm-Stück Ingwer, gerieben
1 Prise Chilipulver (oder Cayennepfeffer)

Glasur

1 EL Erdnussöl (oder anderes Pflanzenöl)
½ EL Tamari (oder Sojasauce)
½ EL Ahornsirup
1 EL Tomatenmark
1 TL mittelscharfer Senf
½ TL edelsüßes Paprikapulver
½ TL Salz
½ TL gemahlener schwarzer Pfeffer

Nach Belieben zum Garnieren und Servieren

Kräuter (z. B. Petersilie, Thymian, Rosmarin)
Ofengemüse (siehe Seite 82; oder anderes im Ofen gebackenes Gemüse; siehe Tipps)

1 Die **Austernpilze** säubern und in dünne Fäden rupfen. Die harten Stiele der **Jackfruit** abschneiden und fein hacken. Die zarten Teile in dünne Fäden rupfen. **2** Für die Gewürzmarinade **Tamari, Rapsöl, Ahornsirup, Paprikapulver, Knoblauchpulver, Kreuzkümmel, Ingwer** und **Chilipulver** verrühren. **3** Eine Pfanne erhitzen. Austernpilze und Jackfruit hineingeben, die Marinadenmischung darübergießen, alles gut vermengen und etwa 3 Minuten unter gelegentlichem Rühren anbraten. Die Hitze reduzieren und weitere 5 Minuten abgedeckt schmoren lassen. **4** Die **Speisestärke** im **Rotwein** auflösen und unter die Pilz-Jackfruit-Mischung rühren. Kurz weitergaren, bis die Masse andickt. Dann zum Abkühlen beiseitestellen. **5** Den Backofen auf 180 °C Ober-/Unterhitze vorheizen und ein Backblech mit Backpapier auslegen. **6** Ein **Reispapier** mit Wasser befeuchten, sodass es weich und biegsam wird. Dann auf ein feuchtes Küchentuch legen und ein Viertel der Pilz-Jackfruit-Mischung in die Mitte geben. Eine **Zimtstange** als „veganen Knochen" seitlich hineinstecken und das Reispapier mit einer Küchenschere einschneiden, sodass man es leichter um die Zimtstange wickeln kann. Das Reispapier um die Füllung wickeln und in der Mitte zusammenfalten. Damit die Keule besser zusammenhält, ein zweites **Reispapier** mit Wasser befeuchten und drumwickeln. Auf die gleiche Weise drei weitere Keulen herstellen. **7** Für die Glasur alle **Zutaten** verrühren. Die Keulen damit rundum großzügig bestreichen und auf das Backblech legen. Im vorgeheizten Ofen etwa 40 Minuten backen, bis die veganen Hähnchenkeulen außen schön gebräunt und knusprig sind. **8** Nach Belieben mit **Kräutern** garnieren und mit **Ofengemüse** servieren.

Tipps • Im Ofen gebackenes Gemüse: Einfach etwa 600 g gemischtes, klein geschnittenes Gemüse nach Wahl (zum Beispiel Kartoffeln, Zwiebeln, Wurzelgemüse, Auberginen, Brokkoli, Blumenkohl) in eine Auflaufform füllen, mit 2–3 EL Olivenöl vermengen und mit Salz und Pfeffer würzen. Dann im vorgeheizten Backofen bei 180–200 °C Ober-/Unterhitze etwa 40 Minuten backen. • Du kannst auch die veganen Hähnchenkeulen auf das Gemüse legen und so beides zusammen im Ofen backen.

Nährwerte pro Stück: 397 kcal (F 16 g · KH 43 g · EW 5 g)
glutenfrei, frei von raffiniertem Zucker

Rote-Bete-Wellington

Vorbereitungszeit: 15 Minuten
Zubereitungszeit: 50 Minuten + 25–30 Minuten Backzeit

Zutaten für 4–8 Portionen

Rote-Bete-Füllung
100 ml Rote-Bete-Saft (oder Wasser)
100 g Quinoa
70 g Walnüsse (oder andere Nüsse, Kerne, Samen)
85 g rohe Cashewkerne (oder andere Nüsse, Kerne, Samen)
2 TL Öl
1 große rote Zwiebel (80 g), fein gewürfelt
2 Knoblauchzehen, fein gehackt
1 große Karotte (100 g), fein gewürfelt
1 große Selleriestange (65 g), fein gewürfelt
200 g Rote Beten, geschält, geraspelt
1 ½ EL Tamari (oder Sojasauce)
1 EL getrocknete italienische Kräutermischung (aus Rosmarin, Oregano, Thymian, Basilikum)
Salz
gemahlener schwarzer Pfeffer
1 Dose (400 g) Kidneybohnen (240 g Abtropfgewicht), abgebraust, abgetropft
2 EL mittelscharfer Senf

Pilz-Duxelles (optional)
2 TL Öl
1 rote Zwiebel, fein gewürfelt
250 g Champignons, fein gehackt
2 Knoblauchzehen, fein gehackt
Salz
gemahlener schwarzer Pfeffer
2 Zweige Thymian
100 ml veganer Rotwein

Teigmantel
1 Rolle veganer Blätterteig aus dem Kühlregal (275 g; optional glutenfrei)

Rote-Bete-Füllung ❶ **Rote-Bete-Saft** oder Wasser aufkochen, **Quinoa** hineingeben, etwa 10 Minuten abgedeckt leicht köcheln und bei ausgeschalteter Herdplatte quellen lassen. ❷ Inzwischen **Walnüsse** und **Cashewkerne** in einer großen Pfanne unter häufigem Rühren anrösten. Herausnehmen, etwas abkühlen lassen und in einer Küchenmaschine grob zerkleinern. ❸ Das **Öl** in der gleichen Pfanne erhitzen. **Zwiebeln, Knoblauch, Karotten** und **Sellerie** zugeben und 3–5 Minuten anbraten, bis das Gemüse leicht gebräunt ist. **Rote Beten** dazugeben und noch 3–5 Minuten dünsten. Mit **Tamari** ablöschen und kurz einkochen lassen. Dann mit **Kräutern, Salz** und **Pfeffer** würzen. ❹ Die **Bohnen** mit einem Kartoffelstampfer oder einer Gabel grob zerdrücken. Dann mit zerkleinerten Nüssen, **Senf** und Quinoa zur Rote-Bete-Mischung geben und vermengen. Fest in Frischhaltefolie wickeln, einen Laib formen und im Kühlschrank kalt stellen.

Pilz-Duxelles ❶ Die Pfanne auswischen und das **Öl** darin erhitzen. **Zwiebel** und **Pilze** unter gelegentlichem Rühren etwa 5 Minuten braten. Den **Knoblauch** dazugeben und unter Rühren 1 weitere Minute braten. Mit **Salz** und **Pfeffer** würzen. **Thymian** hinzufügen, den **Wein** angießen und etwa 10 Minuten köcheln lassen, bis er verkocht ist. Dann etwas abkühlen lassen und im Mixer zu einer Paste pürieren (oder einen Stabmixer verwenden). Ebenfalls kalt stellen.

Teigmantel ❶ Den Backofen auf 200 °C Ober-/Unterhitze (oder 180 °C Umluft) vorheizen. ❷ Den **Blätterteig** auf ein mit Backpapier ausgelegtes Backblech legen und etwa die Hälfte der Pilz-Duxelles auf die Mitte des Teiges streichen. Dann die Rote-Bete-Füllung mittig darauf platzieren, die Folie abziehen und mit der restlichen Pilz-Duxelles bestreichen. ❸ **Pflanzenmilch** und **Kurkuma** verrühren. Die Seiten des Blätterteigs streifenweise einschneiden und mit Kurkumamilch leicht bestreichen. Dann die Streifen einzeln vorsichtig kreuzweise über die Füllung legen und die Kanten leicht andrücken. Überschüssigen Blätterteig abschneiden und daraus Sterne oder andere Motive ausstechen und daraufsetzen. ❹ Den Teigmantel mit der restlichen Kurkumamilch bestreichen und im vorgeheizten Ofen 25–30 Minuten goldbraun backen. (Zeit, um die braune Sauce zuzubereiten.) ❺ Nach Belieben mit **Kräutern** garnieren und sofort servieren. Mit **brauner Sauce** und **Beilagen** nach Wahl genießen.

Fortsetzung auf Folgeseite ▶

Fortsetzung

Rote-Bete-Wellington

2–3 EL ungesüßte Pflanzenmilch
1 Prise gemahlene Kurkuma

Nach Belieben zum Garnieren und Servieren
Thymian oder Rosmarin
braune Sauce (siehe unten), vegane Bratensauce oder cremige Champignonsauce
Kartoffelklöße (siehe Seite 153), Kartoffelpüree oder Semmelknödel
gebratener Rosenkohl (siehe Seite 85) oder geschmorter Rotkohl

Außerdem
Plätzchen-Ausstechform

Tipps ● Rote-Bete-Wellington schmeckt frisch am besten. Falls aber Reste übrig bleiben sollten, kann man sie am nächsten Tag im vorgeheizten Ofen etwa 10 Minuten erneut aufbacken. ● Die Füllung kann auch im Voraus zubereitet werden. ● Es ist ein vielseitiges Rezept, sodass man beliebige andere Zutaten hinzufügen kann. Wichtig ist nur, dass die Füllung nicht zu feucht und gut gekühlt ist, da der Blätterteig sonst weich wird. Sollte die Füllung zu feucht oder instabil sein, etwas Semmelbrösel oder zarte Haferflocken oder gemahlene Leinsamen hinzugeben, um die Feuchtigkeit zu binden.

Nährwerte pro Portion: 687 kcal (F 38 g · KH 64 g · EW 19 g)
optional glutenfrei (mit glutenfreiem Blätterteig), frei von raffiniertem Zucker

Braune Sauce

Vorbereitungszeit: 5 Minuten
Zubereitungszeit: 5–10 Minuten + ca. 10 Minuten Garzeit

Zutaten für 4 Portionen
1 EL vegane Butter (oder Margarine oder Öl)
1 Zwiebel, gehackt
1 Knoblauchzehe, gehackt
1 EL Kokosblütenzucker (oder brauner Zucker)
1 EL Weizenmehl Type 405 (oder glutenfreies Mehl)
1 EL Tomatenmark
1 TL Senf (oder nach Geschmack)
60 ml veganer Rotwein
1 EL Balsamico-Essig (oder Rotweinessig)
1 EL Tamari (oder Sojasauce oder Kokos-Aminos, falls sojafrei erwünscht)
250 ml Gemüsebrühe
1 Zweig Thymian (optional)
gemahlener schwarzer Pfeffer
Salz

1 Die vegane **Butter** in einer kleinen tiefen Pfanne erhitzen und die **Zwiebeln** darin etwa 3 Minuten glasig braten. **Knoblauch** hinzugeben und 30–60 Sekunden anrösten. **Kokosblütenzucker** darüberstreuen und etwa 2 Minuten karamellisieren. **2** **Mehl, Tomatenmark** und **Senf** unterrühren. Dann mit **Rotwein** ablöschen. **Balsamico-Essig, Tamari, Gemüsebrühe, Thymian** und etwas **Pfeffer** hinzugeben und etwa 10 Minuten köcheln lassen, bis die Sauce eingedickt ist (sollte sie zu dick sein, etwas Wasser hinzufügen). **3** Anschließend die Sauce in einen Mixer geben und glatt pürieren (oder einen Stabmixer verwenden). Abschmecken und bei Bedarf mit **Salz** und **Pfeffer** nachwürzen.

Tipps ● Die Sauce hält sich bis zu 4 Tage im Kühlschrank und lässt sich auch gut einfrieren. Beim Aufwärmen etwas Wasser dazugeben, damit sie nicht zu dickflüssig wird. ● Wer die Sauce cremiger mag, kann sie mit etwas Soja- oder Hafer-Cuisine oder Kokosmilch aus der Dose oder Cashewmus verfeinern. ● Für noch mehr Aroma Karotten, Sellerie oder Pilze mitbraten oder ein Lorbeerblatt hinzufügen. ● Wer mag, kann statt Tamari auch 1–2 TL Miso-Paste verwenden.

Nährwerte pro Portion: 75 kcal (F 3 g · KH 9 g · EW 1 g)
optional glutenfrei (mit glutenfreiem Mehl), frei von raffiniertem Zucker

Gebratener Rosenkohl
(Rezept siehe Seite 85)

Kartoffelklöße

Vorbereitungszeit: 5 Minuten + 20–30 Minuten Garzeit
Zubereitungszeit: ca. 10 Minuten + 20 Minuten Garzeit

Zutaten für 8 Stück

500 g mehligkochende Kartoffeln
Salz
25 g weiche vegane Butter (oder Margarine)
80 g Kartoffelmehl
1 Prise geriebene Muskatnuss

Nach Belieben zum Garnieren

gehackte Petersilie

Nach Belieben zum Servieren

Rote-Bete-Wellington (siehe Seite 149), braune Sauce (siehe Seite 150) und gebratener Rosenkohl (siehe Seite 85) oder andere Gerichte nach Wahl

Nährwerte pro Stück: 92 kcal (F 2 g · KH 17 g · EW 1 g)
glutenfrei, frei von raffiniertem Zucker

1 Die **Kartoffeln** waschen und ungeschält 20–30 Minuten (je nach Größe) in **Salzwasser** gar kochen. **2** Anschließend abgießen, sofort pellen, durch eine Kartoffelpresse drücken (oder mit einem Kartoffelstampfer zerdrücken) und ausdampfen lassen. **3** Vegane **Butter, Kartoffelmehl,** 1 TL **Salz** und **Muskatnuss** hinzufügen und mit den Händen sachte zu einem Teig vermengen (die Kartoffelmasse niemals überarbeiten, sonst wird sie klebrig und zäh). **4** Den Kartoffelteig in acht gleich große Portionen (à etwa 75 g) teilen und zu Klößen formen. **5** Inzwischen **Salzwasser** in einem großen Topf zum Kochen bringen. Die Hitze reduzieren, sodass das Wasser nur noch leicht köchelt. Die Klöße vorsichtig hineingeben und etwa 20 Minuten gar ziehen lassen, bis sie an der Oberfläche schwimmen. **6** Anschließend mit einer Schaumkelle herausnehmen und gut abtropfen lassen. **7** Nach Belieben mit **Petersilie** garnieren und sofort mit **Rote-Bete-Wellington, brauner Sauce** und **Rosenkohl** oder anderen beliebigen Gerichten servieren.

Tipps ● Ich habe die Klöße mit Rote-Bete-Wellington, brauner Sauce und gebratenem Rosenkohl kombiniert (siehe Foto Seite 151), aber sie passen auch sehr gut zu veganen Fleischbällchen mit Champignonsauce oder zu gebratenen Knoblauch-Pilzen oder gedämpftem Spinat, bestreut mit veganem Parmesan. ● Das Wasser darf nicht sprudelnd kochen, sonst können die Klöße zerfallen. ● Übrig gebliebene Klöße lassen sich 3–4 Tage im Kühlschrank aufbewahren. Dann einfach in siedendem Wasser erwärmen oder in Scheiben schneiden und in einer Pfanne in etwas veganer Butter oder in Öl anbraten.

Himbeer-Schoko-Tarte
(Rezept siehe Seite 158)

Kuchen

Menu
BREAKFAST
10.00 - 12.00
LUNCH
12.00 - 17.00
DINNER
18.30 - 01.00

Kuchen

Himbeer-Schoko-Tarte

Vorbereitungszeit: 10 Minuten + 15–20 Minuten Backzeit + Abkühlzeit
Zubereitungszeit: 20 Minuten + mind. 3 Stunden Kühlzeit

Zutaten für 12 Stücke

Schokoboden

Kokosöl oder vegane Butter
200 g gemahlene Mandeln (oder andere gemahlene Nüsse oder Kerne nach Belieben)
80 g gemahlene Haferflocken (oder Weizenmehl Type 405 oder Dinkelmehl Type 630)
25 g Kakaopulver
120 g entsteinte Soft-Datteln (oder weiche Medjool-Datteln oder andere Soft-Trockenfrüchte; siehe Tipps)
1 EL Ahornsirup (oder anderer Sirup)
2 EL geschmolzenes Kokosöl (oder geschmolzene vegane Butter)

Himbeerfüllung

300 g TK-Himbeeren (ergibt ca. 200 ml Himbeersaft; oder andere Beeren)
25 g Speisestärke (oder Vanille-Puddingpulver; siehe Tipps)
½ TL Agar-Agar (100 % Pulver)
400 ml Kokosmilch (1 Dose)

Schokoboden 1 Den Backofen auf 180 °C Ober-/Unterhitze vorheizen und die Tarte- oder Springform leicht **einfetten.** 2 Wer ganze **Nüsse** und **Haferflocken** verwendet, beides zuerst in einem Mixer oder einer Küchenmaschine mahlen. Dann **Kakaopulver, Datteln, Ahornsirup** und flüssiges **Kokosöl** hinzugeben und erneut mixen, bis die Masse zusammenhält. (Wenn sie zu trocken aussieht, ein bisschen Wasser hinzufügen.) 3 Die Masse in die vorbereitete Form drücken, dabei einen gleichmäßigen Rand formen. Im vorgeheizten Ofen 15–20 Minuten backen (sollten Blasen entstehen, anschließend mit einem Löffel herunterdrücken). Für eine No-Bake-Option kann man die Form einfach in den Kühlschrank stellen. Der Boden ist dann allerdings nicht knusprig, sondern eher weicher, wie bei Bliss Balls. 4 Vollständig auskühlen lassen, bevor die Füllung hineinkommt.

Himbeerfüllung 1 Die **Himbeeren** in einem Topf erhitzen, damit sie auftauen, und kurz köcheln lassen, bis sie leicht zerdrückt werden können. Dann durch ein feines Sieb streichen und dabei den Saft auffangen (ergibt etwa 200 ml). 2 Etwa 3 EL Wasser in ein kleines Gefäß gießen und die **Speisestärke** mit dem **Agar-Agar** darin auflösen. 3 Den Himbeersaft mit **Kokosmilch, Zucker** und (optional) **Vanilleextrakt** in einen Topf geben. Die Stärke-Agar-Mischung angießen und unter ständigem Rühren zum Kochen bringen. Dann die Hitze etwas reduzieren und weitere 1–2 Minuten unter Rühren kochen, bis die Mischung schön eingedickt ist. 4 In die Tarteform auf den Schokoboden geben und etwa 60 Minuten bei Raumtemperatur abkühlen lassen. Dann in den Kühlschrank stellen und mindestens 2 Stunden (oder besser über Nacht) kühlen, bis die Füllung vollständig fest geworden ist. 5 Die Himbeer-Schoko-Tarte nach Belieben mit frischen **Himbeeren, Johannisbeeren, Granatapfelkernen** und **Zuckerstreuseln** garnieren. Guten Appetit!

Fortsetzung auf Folgeseite

BIANCA ZAPATKA
Love

Fortsetzung

Himbeer-Schoko-Tarte

50 g Rohrohrzucker (oder anderer Zucker nach Belieben)
1 TL Vanilleextrakt (oder gemahlene Vanille; optional)

Nach Belieben zum Dekorieren
Himbeeren
Johannisbeeren
Granatapfelkerne
Zuckerstreusel

Außerdem
Tarteform mit Hebeboden (Ø 24 cm; alternativ Springform)

Nährwerte pro Stück: 307 kcal (F 21 g · KH 22 g · EW 7 g)
glutenfrei

Tipps • Nüsse: Man kann beliebige Nüsse wie Mandeln, Haselnüsse, Cashewkerne, Erdnüsse, Walnüsse oder Pekannüsse verwenden. Für einen nussfreien Boden Sonnenblumenkerne, Kürbiskerne oder frische Kokosraspel verwenden. • Datteln: Auch andere Soft-Trockenfrüchte wie Aprikosen eignen sich gut. Wenn man keine Soft-Datteln oder Soft-Trockenfrüchte hat, einfach herkömmliche Sorten etwa 10 Minuten in heißem Wasser einweichen, damit sie weicher werden. Anschließend abtropfen lassen und gründlich trocken tupfen. • Kokosmilch: Alternativ kann man eine andere Pflanzenmilch oder -sahne verwenden. Ich empfehle eine Mischung aus Milch und Sahne zu gleichen Teilen, um eine perfekte Konsistenz zu erhalten. 300 ml Pflanzenmilch mit 100 g Nussmus (zum Beispiel Cashewmus oder weißes Mandelmus) vermischt, ergibt auch eine schöne cremige Konsistenz, die ähnlich wie Kokosmilch ist. • Speisestärke: Stattdessen kann man dieselbe Menge Vanille-Puddingpulver nehmen und den Vanilleextrakt weglassen.

Zebra-Cheesecake

Am Vortag vorbereiten

Vorbereitungszeit: 10 Minuten
Zubereitungszeit: 15 Minuten + 70 Minuten Backzeit + 30 Minuten Nachbackzeit + Kühlzeit über Nacht

Zutaten für 12 Stücke

Keksboden

Kokosöl oder vegane Butter
180 g Haferkekse (oder andere Kekse)
40 g vegane Butter, geschmolzen

Käsekuchenfüllung

600 g Sojaquark Skyr-Style (oder eine andere Quarkalternative oder veganer Frischkäse)
280 g zimmerwarmer veganer Frischkäse
240 ml zimmerwarme Sojasahne (oder andere ungesüßte Pflanzensahne)
150 g Zucker
3 EL Speisestärke (oder Vanille-Puddingpulver)
1 EL Vanilleextrakt
40 g Kakaopulver
2–3 EL gebrühter kalter Kaffee (oder ungesüßte Pflanzenmilch)

Keksboden 1 Die Springform leicht **einfetten** und den Boden mit Backpapier auslegen. 2 Die **Kekse** in eine Küchenmaschine geben und zu feinen Krümeln mahlen. (Oder in einen Gefrierbeutel legen und mit einem Nudelholz zerkleinern.) 3 Die Kekskrümel in eine Schüssel geben und mit der geschmolzenen veganen **Butter** zu einer Masse verrühren. 4 Die Keksmasse auf dem Boden der vorbereiteten Springform verteilen, gut andrücken und dabei einen schmalen Rand hochziehen. Dann in den Kühlschrank stellen, während die Füllung zubereitet wird.

Käsekuchenfüllung 1 Den Backofen auf 160 °C Ober-/Unterhitze vorheizen und eine ofenfeste Form mit Wasser in die unterste Ebene des Ofens stellen (das erzeugt Dampf und sorgt dafür, dass der Kuchen gleichmäßig backt und keine Risse bekommt). 2 In einer Rührschüssel **Sojaquark,** veganen **Frischkäse, Sojasahne, Zucker, Speisestärke** und **Vanilleextrakt** mit dem elektrischen Handrührgerät glatt und cremig rühren. 3 Etwa zwei Drittel der Füllung in eine andere Schüssel füllen und beiseitestellen. Zu der restlichen Masse **Kakaopulver** und **Kaffee** geben und noch mal durchrühren. 4 Nun zwei unterschiedliche Löffel verwenden (einen für die helle und einen für die dunkle Creme). Zuerst 2–3 EL der hellen Creme auf den Keksboden geben, dann etwa 2 EL der Kakaocreme in die Mitte der hellen Creme setzen, damit das Zebramuster entsteht. So fortfahren, bis beide Cremes aufgebraucht sind, dabei zwischendurch immer wieder an der Form rütteln, damit sich der Teig gleichmäßig verteilt. 5 Die Form in den vorgeheizten Ofen stellen und 70 Minuten backen. Sobald die Oberfläche nicht mehr flüssig ist, ist der Kuchen fertig. 6 Den Ofen ausschalten und den Käsekuchen noch weitere 30 Minuten drinlassen. Anschließend die Ofentür halb öffnen, den Kuchen

Fortsetzung auf Folgeseite ▶

Fortsetzung

Zebra-Cheesecake

Nach Belieben zum Dekorieren
Beeren nach Wahl
(z. B. Blau- und Brombeeren)
kleine Minzeblätter

Außerdem
Springform „PushPan“ mit hohem Rand (Ø 20 cm; alternativ normale Springform (Ø 22–24 cm))

Nährwerte pro Stück: 336 kcal
(F 19 g · KH 32 g · EW 10 g)
glutenfrei

langsam auf Raumtemperatur abkühlen lassen und danach über Nacht in den Kühlschrank stellen. (Der Kuchen sollte erst am nächsten Tag aus der Form genommen werden, da er im Kühlschrank fester wird.) **7** Den Zebra-Cheesecake nach Belieben mit **Beeren** und **Minze** dekorieren.

Tipps ● Verwendet man eine 20-cm-Springform, sollte der Rand etwa 10 cm hoch sein. In einer größeren Springform mit normal hohem Rand (Ø 22 oder 24 cm, auch Ø 26 cm geht) gelingt der Kuchen ebenfalls prima. Er wird dann nur etwas flacher. ● Der Cheesecake hält sich bis zu 5 Tage im Kühlschrank und lässt sich bis zu 2 Monate einfrieren.

Apfel-Pudding-Streuselkuchen

Am Vortag vorbereiten

Vorbereitungszeit: 20 Minuten
Zubereitungszeit: 10 Minuten
+ ca. 60 Minuten Backzeit +
Kühlzeit über Nacht

Zutaten für 8–10 Stücke

Pudding

1 Pck. Vanille-Puddingpulver (oder 38 g Speisestärke + 1 TL Vanilleextrakt + 1 Prise gemahlene Kurkuma)
500 ml ungesüßte Pflanzenmilch (z. B. Soja-, Mandel-, Cashew- oder Kokosmilch)
40 g Rohrohrzucker (oder anderer Zucker)

Apfelfüllung

500 g Äpfel, geschält, sehr klein gewürfelt
1 ½ EL Rohrohrzucker (oder anderer Zucker)
½ TL gemahlener Zimt
1 EL Vanille-Puddingpulver (oder Speisestärke)
3 EL Wasser

Mürbeteig

Kokosöl oder vegane Butter
250 g Weizenmehl Type 405 oder Dinkelmehl Type 630 (oder glutenfreies Mehl)
1 TL Backpulver
1 Prise Salz
80 g Rohrohrzucker (oder anderer Zucker)
125 g kalte vegane Butter, klein gewürfelt

Pudding 1 Das **Vanille-Puddingpulver** mit 3–4 EL **Pflanzenmilch** verrühren und auflösen (oder **Speisestärke, Vanilleextrakt** und **Kurkuma** statt Puddingpulver verwenden). 2 Restliche **Pflanzenmilch** in einem Topf erhitzen. Kurz bevor die Milch kocht, **Zucker** und die angerührte Puddingpulver-Mischung mit einem Schneebesen einrühren und unter ständigem Rühren aufkochen lassen, bis die Masse eindickt. 3 Anschließend in eine Schüssel füllen und die Puddingoberfläche sofort mit Frischhaltefolie abdecken, damit sich keine Haut bildet. Dann abkühlen lassen.

Apfelfüllung 1 Inzwischen **Äpfel, Zucker** und **Zimt** in einen Topf geben und 5–10 Minuten abgedeckt köcheln lassen, bis die Apfelwürfel schön weich sind, dabei gelegentlich umrühren. 2 Zum Schluss das **Puddingpulver** im Wasser auflösen und zu den Äpfeln geben. Unter Rühren noch mal kurz aufkochen, bis die Mischung eindickt. Dann abkühlen lassen.

Mürbeteig 1 Den Backofen auf 180 °C Ober-/Unterhitze vorheizen. Die Springform **einfetten** und den Boden mit Backpapier auslegen. 2 **Mehl, Backpulver, Salz** und **Zucker** in einer Schüssel vermischen. Klein gewürfelte vegane **Butter** und 2 ½ EL kaltes Wasser hinzugeben und alles rasch zu einem Teig verkneten. 3 Etwa 100 g Teig für die Streusel in Frischhaltefolie wickeln und bis zum Gebrauch in den Kühlschrank legen. Den restlichen Teig auf einem Stück Frischhaltefolie oder Backpapier ausrollen. Dann in die vorbereitete Springform legen und gleichmäßig am Boden und an den Seiten andrücken.

Backen 1 Nun die Apfelfüllung hineingeben und glatt streichen. 2 Den Pudding noch mal kurz mit dem Schneebesen glatt rühren und dann auf die Apfelfüllung geben. 3 Zuletzt den Teig aus dem Kühlschrank holen und als Streusel auf den Kuchen bröseln. Nach Belieben noch einige **Haferflocken** und etwas **braunen Zucker** darüberstreuen. 4 Die Form in den vorgeheizten Ofen geben und etwa 60 Minuten backen. Anschließend vollständig abkühlen lassen und über Nacht in

Fortsetzung auf Folgeseite

Apfel-Pudding-Streuselkuchen

Nach Belieben zum Toppen und Dekorieren

1 EL Haferflocken (oder Mandelblättchen oder gehackte Nüsse)
2 TL brauner Zucker (oder anderer Zucker)
Granatapfelkerne

Außerdem

Springform (Ø 20 cm)

Nährwerte pro Stück: 353 kcal (F 12 g · KH 55 g · EW 4 g)
optional glutenfrei (mit glutenfreiem Mehl)

den Kühlschrank stellen. Vor dem Servieren nach Belieben mit **Granatapfelkernen** dekorieren.

Tipps ● Glutenfrei: Für eine glutenfreie Alternative eignet sich eine glutenfreie Mehlmischung 1:1. Am besten zusätzlich ein wenig Apfelmark oder ein Leinsamen-Ei (1 EL gemahlene Leinsamen in 3 EL heißes Wasser rühren und etwa 5 Minuten quellen lassen) hinzufügen, damit der Teig besser zusammenhält. ● Backform: Man kann diesen Kuchen auch in einer anderen Backform oder auf dem Blech oder als Muffins backen. Die Backzeit von Muffins beträgt etwa 35 Minuten. ● Zucker: Statt Rohrohrzucker gern auch normalen oder braunen Zucker, Kokosblütenzucker oder einen anderen Zucker verwenden. ● Pflanzenmilch: Man kann eine beliebige Sorte einsetzen, zum Beispiel Soja-, Mandel-, Cashew- oder Kokosmilch. Nur Hafermilch eignet sich nicht gut, da der Pudding sonst nicht fest werden könnte. ● Haltbarkeit: Der Kuchen hält sich bis zu 4 Tage im Kühlschrank und kann auch eingefroren werden.

Himbeer-Biskuitrolle

Vorbereitungszeit: 10 Minuten + 18–20 Minuten Backzeit
Zubereitungszeit: 20 Minuten

Zutaten für 14 Stücke

Biskuit
240 g Weizenmehl Type 405
½ Pck. Vanille-Puddingpulver (oder 20 g Speisestärke)
2 TL Backpulver
½ TL Xanthan
1 Prise gemahlene Vanille
150 g Zucker + etwas mehr zum Bestreuen
1 TL Natron
1 Prise Salz
300 ml kohlensäurehaltiges Mineralwasser
45 g Rapsöl
2 TL Apfelessig

Himbeerfüllung
180 g TK-Himbeeren
120 ml roter Fruchtsaft (oder Wasser)
½ Pck. Vanille-Puddingpulver (oder 20 g Speisestärke)
2 EL Zucker (oder nach Geschmack)

Sahnecreme
400 ml ungesüßte Pflanzensahne zum Aufschlagen, gekühlt
4 TL San-apart (oder 2 Pck. Sahnesteif)
2 Pck. Vanillezucker

Biskuit ❶ Den Backofen auf 180 °C Ober-/Unterhitze vorheizen. Das Backblech mit Backpapier auslegen. ❷ **Mehl, Puddingpulver, Backpulver, Xanthan** und **Vanille** in eine Schüssel sieben. Dann **Zucker, Natron** und **Salz** hinzugeben und mit einem Schneebesen vermischen. ❸ In einem Gefäß **Mineralwasser, Öl** und **Apfelessig** verrühren. Dann in die Mehlmischung gießen und alles mit dem Schneebesen kurz zu einem Teig verrühren (durch das Xanthan wird er etwas klebrig und zäh, aber so soll es sein, damit der Kuchen biegsam wird). ❹ Den Teig auf das vorbereitete Backblech geben und mit einer Teigkarte glatt streichen. Im vorgeheizten Ofen 18–20 Minuten backen, bis ein hineingestochener Holzspieß sauber herauskommt (die Backzeit kann je nach Ofentyp oder Blech etwas variieren). ❺ Anschließend den Biskuit kurz abkühlen lassen. In der Zwischenzeit ein Küchentuch mit **Zucker** bestreuen, damit der Biskuit nicht kleben bleibt. ❻ Den Biskuit mit der Oberseite nach unten auf das gezuckerte Küchentuch stürzen und das Backpapier vorsichtig abziehen. Mithilfe des Tuchs aufrollen und dann vollständig abkühlen lassen.

Himbeerfüllung ❶ **TK-Himbeeren** und 60 ml **Saft** in einen Topf geben und aufkochen, bis die Himbeeren aufgetaut sind. ❷ **Vanille-Puddingpulver** im restlichen **Saft** auflösen und mit dem **Zucker** in die Himbeermischung einrühren. Erneut aufkochen, bis die Himbeeren angedickt sind. Anschließend abkühlen lassen.

Sahnecreme ❶ **Pflanzensahne, San-apart** und **Vanillezucker** mit dem Handrührgerät steif schlagen.

Fortsetzung auf Folgeseite ▶

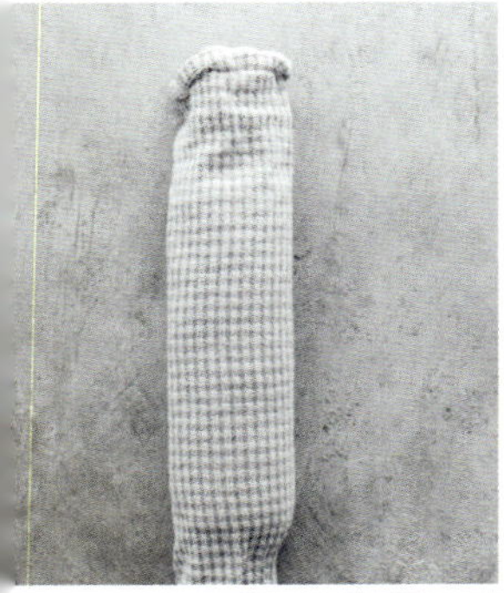

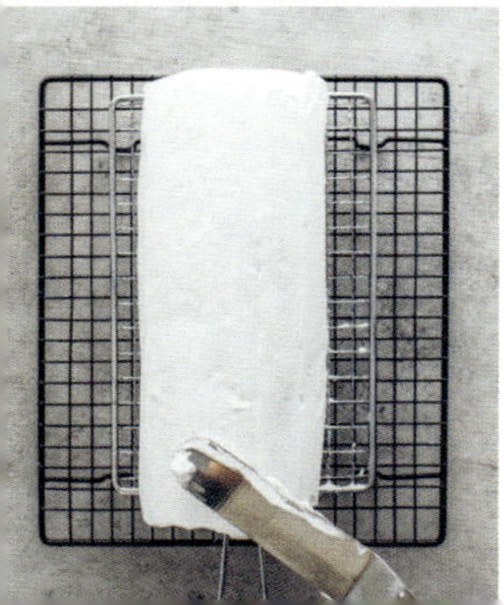

Fortsetzung

Himbeer-Biskuitrolle

Nach Belieben zum Dekorieren
Himbeeren und Johannisbeeren
Granatapfelkerne
kleine Minzeblätter
Außerdem
Backblech (30 × 40 cm)

Nährwerte pro Stück: 207 kcal
(F 8 g · KH 29 g · EW 3 g)

Biskuit füllen ❶ Den Biskuit vorsichtig entrollen und den überschüssigen Zucker mit einem Pinsel entfernen. Etwa die Hälfte der Sahnecreme auf dem Biskuit verstreichen, dabei einen 2,5 cm breiten Rand frei lassen. Dann die Himbeerfüllung gleichmäßig darauf verteilen und wieder aufrollen. ❷ Die Biskuitrolle mit der restlichen Sahnecreme bestreichen und nach Belieben mit **Himbeeren, Johannisbeeren, Granatapfelkernen** und **Minze** verzieren. ❸ Sofort genießen oder bis zum Verzehr im Kühlschrank aufbewahren.

Tipps ● Backblech: Für ein kleineres Blech (25 × 35 cm) nur zwei Drittel der Zutatenmengen nehmen und den Biskuit 15–17 Minuten backen. ● Früchte: Man kann auch andere Beeren oder anderes Obst für die Füllung verwenden, zum Beispiel Blaubeeren, Brombeeren, Erdbeeren, Mango oder eine bunte Beerenmischung. Je nachdem, wie hoch der Wasseranteil der Früchte ist, braucht man eventuell etwas mehr oder weniger Puddingpulver oder Speisestärke zum Andicken. ● Aufbewahrung: Die Biskuitrolle kann man bis zu 3 Tage im Kühlschrank aufbewahren, je nachdem, wie stabil die Sahne ist. ● San-apart ist ein veganer Stabilisator für Sahne oder Cremes. Das Pulver besteht aus Zucker, Weizenmehl und Stärke. ● Xanthan ist ein glutenfreies Verdickungsmittel.

Linzer Torte

Vorbereitungszeit: 10 Minuten
Zubereitungszeit: 20 Minuten + 25–30 Minuten Backzeit

Zutaten für 16 Stücke

Mürbeteig
Kokosöl oder vegane Butter
300 g Weizenmehl Type 405 oder Dinkelmehl Type 630 (oder glutenfreies Mehl)
125 g gemahlene Haselnüsse (oder Mandeln)
1 TL Backpulver
1 Prise Salz
1 TL gemahlener Zimt
1 Prise Lebkuchengewürz (oder gemahlener Kardamom oder gemahlene Gewürznelke; optional)
120 g Rohrohrzucker (oder anderer Zucker)
150 g kalte vegane Butter, klein gewürfelt

Füllung und Topping
250 g rote Konfitüre (Sorte nach Wahl oder selbst gemachtes dickflüssiges Kompott)
2 EL ungesüßte Pflanzensahne (oder Pflanzenmilch)
1 Prise gemahlene Kurkuma (optional für die Farbe)
3 EL gehobelte Mandeln

Nach Belieben zum Dekorieren
Granatapfelkerne
Puderzucker

Mürbeteig ① Die Tarte- oder Springform **einfetten** und kurz ins Gefrierfach stellen (wenn die Form vorgekühlt ist, bleibt der Mürbeteig auch kühl, sobald man ihn hineindrückt). ② **Mehl,** gemahlene **Haselnüsse, Backpulver, Salz, Zimt, Lebkuchengewürz** und **Zucker** in einer Schüssel vermischen. Dann die kalte vegane **Butter** und 6 EL kaltes Wasser hinzugeben und alles mit den Händen (oder in einer Küchenmaschine) zu einem glatten Teig verarbeiten. Anschließend den Teig halbieren und jeweils zu einem flachen Ball formen. ③ Eine Teigportion fest in Frischhaltefolie wickeln und bis zum weiteren Gebrauch in den Kühlschrank legen. ④ Die andere Teigportion auf Frischhaltefolie oder Backpapier ausrollen. Dann in die vorbereitete Backform legen, die Folie abziehen, gleichmäßig am Boden andrücken und einen kleinen Rand formen.

Füllung und Topping ① Den Backofen auf 180 °C Ober-/Unterhitze vorheizen. ② Die **Konfitüre** auf dem Teigboden verteilen und die Form beiseitestellen (am besten in den Kühlschrank stellen, damit der Mürbeteig fest bleibt). ③ Die andere Teigportion aus dem Kühlschrank holen, auf Frischhaltefolie oder Backpapier ausrollen und in etwa 2 cm breite Streifen schneiden (besonders schön sieht es aus, wenn man ein gewelltes oder gezacktes Teigrädchen verwendet). Die Teigstreifen mit etwas Abstand auf die Konfitüreschicht legen, sodass ein Gitter entsteht, und am Rand vorsichtig festdrücken. Die Teigreste erneut ausrollen, dann mit dem Plätzchenausstecher Motive ausstechen und auf das Gitter legen (oder auf ein Blech legen und als Plätzchen backen). ④ Die **Pflanzensahne** optional mit **Kurkuma** verrühren und die Teigoberfläche damit bestreichen. Dann den Kuchenrand mit **Mandelblättchen** bestreuen und im vorgeheizten Ofen 25–30 Minuten backen. Anschließend herausnehmen und die Linzer Torte vollständig auskühlen lassen. ⑤ Nach Belieben mit **Granatapfelkernen** dekorieren und mit etwas **Puderzucker** bestäuben.

Fortsetzung auf Folgeseite ▶

Fortsetzung

Linzer Torte

Außerdem
Tarte- oder Springform
(Ø 26 cm)
Plätzchen-Ausstechform

Nährwerte pro Stück: 255 kcal
(F 13 g · KH 31 g · EW 4 g)
optional glutenfrei (mit glutenfreiem Mehl)

Tipps ● Glutenfreier Mürbeteig: Du kannst das Mehl durch eine glutenfreie Mehlmischung 1:1 ersetzen. Dann am besten zusätzlich ein Leinsamen-Ei (1 EL gemahlene Leinsamen in 3 EL heißes Wasser rühren und etwa 5 Minuten quellen lassen) hinzufügen, damit der Teig besser zusammenhält. ● Konfitüre: Ich verwende gern zuckerreduzierte Johannisbeer- oder Himbeerkonfitüre. Du kannst aber auch selbst ein dickflüssiges Kompott aus gefrorenen Beeren zubereiten. ● Vorbereiten: Du kannst den Mürbeteig im Voraus zubereiten und ihn in Folie eingewickelt bis zu 5 Tage im Kühlschrank lagern oder bis zu 3 Monate einfrieren. Zum Auftauen dann über Nacht in den Kühlschrank legen. Sollte er nach der Kühlung zu hart sein, einfach einige Minuten bei Raumtemperatur liegen lassen. ● Aufbewahren: Die Linzer Torte hält sich luftdicht verpackt im Kühlschrank mindestens 2 Wochen.

Kürbis-Cheesecake-Brownies

Am Vortag vorbereiten

Vorbereitungszeit: 10 Minuten + 10–15 Minuten Garzeit
Zubereitungszeit: 25 Minuten + 45–50 Minuten Backzeit + Kühlzeit über Nacht

Zutaten für 12 Stück

Kürbispüree

½ Hokkaido-Kürbis (ca. 600 g), entkernt, gewürfelt (ergibt 430 g Kürbispüree, die für dieses Rezept benötigt werden)

Kürbis-Brownieteig

Kokosöl oder vegane Butter
125 g Weizenmehl Type 405 oder Dinkelmehl Type 630 (oder glutenfreies Mehl)
3 EL Kakaopulver (20 g)
1 TL Backpulver
1 TL gemahlener Zimt (oder Kürbisgewürz)
1 Prise Salz
100 g Rohrohrzucker (oder anderer Zucker)
60 ml Pflanzenöl (z. B. Raps- oder Sonnenblumenöl)
80 ml gebrühter kalter Kaffee (oder ungesüßte Pflanzenmilch; optional bei Bedarf)

Kürbis-Cheesecake

250 g zimmerwarmer veganer Frischkäse
60 g Rohrohrzucker (oder anderer Zucker)
2 EL Speisestärke (oder Vanille-Puddingpulver)

Kürbispüree ❶ Die **Kürbiswürfel** mit etwas Wasser in einen Topf geben und 10–15 Minuten weich garen. Anschließend das Kochwasser abgießen und den Kürbis kurz ausdampfen lassen, sodass restliche Flüssigkeit entweichen kann. Danach pürieren und abkühlen lassen.

Kürbis-Brownieteig ❶ Inzwischen den Backofen auf 180 °C Ober-/Unterhitze vorheizen. Die Backform leicht **einfetten** und so mit Backpapier auslegen, dass es an den Seiten etwas übersteht (damit man die Brownies später ganz leicht herausheben kann). ❷ **Mehl, Kakaopulver, Backpulver** und **Zimt** in eine Rührschüssel sieben. Dann **Salz** und **Zucker** hinzugeben und alles vermischen. ❸ In einem Messbecher 180 g Kürbispüree mit **Öl** und **Kaffee** (oder **Pflanzenmilch**) verrühren. ❹ Nun die Kürbispüreemischung zu den trockenen Zutaten geben und alles kurz zu einem Teig verrühren. (Der Teig sollte relativ dick, aber dennoch flüssig genug zum Gießen sein. Bei Bedarf kann man noch etwas Flüssigkeit hinzugeben.)

Kürbis-Cheesecake ❶ Alle **Zutaten** für die Cheesecake-Schicht mit 250 g Kürbispüree in ein Rührgefäß geben und mit dem elektrischen Handrührgerät cremig mixen.

Schichten und backen ❶ Zuerst zwei Drittel von dem Brownieteig in die vorbereitete Backform geben und gleichmäßig verteilen, sodass der Boden gut bedeckt ist. Dann die Cheesecake-Masse vorsichtig drauflöffeln und verteilen. Zuletzt den restlichen Brownieteig löffelweise darauf verteilen und anschließend vorsichtig an der Form rütteln, sodass sich der Teig gleichmäßig verteilt. Mit einem Holzspieß oder Spatel durch den Teig ziehen, damit eine Marmorierung entsteht, und optional die **Schoko-Drops** darüberstreuen. ❷ Im vorgeheizten Ofen 45–50 Minuten backen (wer die Brownies weniger saftig haben möchte, kann die Backzeit um 10–15 Minuten verlängern). ❸ Anschließend vollständig in

Fortsetzung auf Folgeseite ▶

Fortsetzung

Kürbis-Cheesecake-Brownies

1 TL gemahlener Zimt (oder Kürbisgewürz)
1 Prise gemahlene Bourbon-Vanille (optional)

Topping (optional)

60 g vegane Schoko-Drops

Außerdem

rechteckige (18 × 23 cm) oder quadratische Backform (21 × 21 cm) oder eine ähnliche Größe

Nährwerte pro Stück: 224 kcal (F 12 g · KH 27 g · EW 3 g)
optional glutenfrei (mit glutenfreiem Mehl)

der Form abkühlen lassen und über Nacht in den Kühlschrank stellen. Am nächsten Tag vorsichtig mithilfe des überstehenden Backpapiers herausheben und in Stücke schneiden.

Tipps ● Glutenfrei: Die Brownies gelingen auch mit einer glutenfreien Mehlmischung 1:1. ● Kaffee: Gebrühter Kaffee macht den Schokoladengeschmack intensiver, aber man kann stattdessen auch eine beliebige Pflanzenmilch nehmen. ● Kürbispüree: Alternativ die Kürbiswürfel 25–50 Minuten im Backofen bei 200 °C Ober-/Unterhitze (oder 180 °C Umluft) backen und dann pürieren oder 430 g gekauftes Kürbismus/Kürbispüree aus der Dose verwenden. ● Aufbewahrung: Die Brownies halten sich abgedeckt bis zu 5 Tage im Kühlschrank. Man kann sie aber auch portionsweise einfrieren. ● Statt Zimt: für selbst gemischtes Kürbisgewürz siehe Seite 61.

VEGAN

Pflaumenkuchen

Zubereitungszeit: 20–25 Minuten + ca. 50 Minuten Backzeit

Zutaten für 12 Stücke

Teig

Kokosöl oder vegane Butter
180 g Weizenmehl Type 405 oder Dinkelmehl Type 630 (oder glutenfreies Mehl)
100 g gemahlene Mandeln (oder andere gemahlene Nüsse)
120 g Rohrohrzucker (oder anderer Zucker nach Belieben)
1 TL Backpulver (oder ½ TL mehr Natron)
½ TL Natron (oder 1 TL mehr Backpulver)
1 Msp. Salz
1 Msp. gemahlene Bourbon-Vanille (oder 2 TL Vanilleextrakt)
180 g Sojaquark Skyr-Style (oder fester Pflanzenjoghurt/Quarkalternative oder Seidentofu)
80 ml ungesüßte Pflanzenmilch (z. B. Soja-, Hafer- oder Mandelmilch)
60 ml Rapsöl (oder Albaöl oder Sonnenblumenöl)
1 EL Apfelessig (oder Weißweinessig oder 2 EL Zitronensaft)

Topping

400 g Pflaumen
30 g gehobelte Mandeln
etwas Rohrohrzucker

Nach Belieben zum Servieren

Vanillesauce (siehe Seite 207)

Außerdem

Springform (Ø 22 cm)

Nährwerte pro Stück: 246 kcal
(F 12 g · KH 26 g · EW 6 g)
optional glutenfrei (mit glutenfreiem Mehl)

1 Den Backofen auf 180 °C Ober-/Unterhitze vorheizen. Den Rand der Springform **einfetten** und den Boden mit Backpapier auslegen. 2 Für den Teig **Mehl,** gemahlene **Mandeln, Rohrohrzucker, Backpulver, Natron, Salz** und **Vanille** in eine große Schüssel geben und mit einem Schneebesen vermischen, bis keine Klümpchen mehr vorhanden sind. 3 **Sojaquark, Pflanzenmilch, Rapsöl** und **Apfelessig** in einem Messbecher verquirlen. Dann zu den trockenen Zutaten geben und mit einem Teigschaber kurz zu einem relativ dicken Rührteig vermischen. 4 Den Teig in die vorbereitete Backform geben und glatt streichen. 5 Für das Topping die **Pflaumen** waschen, halbieren, entsteinen, in Spalten schneiden und auf dem Teig verteilen. Mit gehobelten **Mandeln** und etwas **Zucker** bestreuen und im vorgeheizten Ofen etwa 50 Minuten backen (oder bis ein hineingestochener Holzspieß sauber herauskommt). 6 Anschließend 15 Minuten in der Form abkühlen lassen. Dann vorsichtig aus der Form lösen und vollständig abkühlen lassen. 7 In Stücke schneiden und nach Belieben mit **Vanillesauce** genießen.

Tipps • Mehl: Anstelle von Weizen- oder Dinkelmehl kann man eine glutenfreie Mehlmischung 1:1 verwenden. • Nussfrei: Für eine nussfreie Version die Mandeln im Rührteig durch 80 g mehr Mehl und 20 ml mehr Öl ersetzen. • Pflaumen: Auch anderes Obst wie Äpfel, Birnen, Aprikosen, Nektarinen, Mirabellen oder Kirschen sind eine tolle Alternative. • Toppings: Man kann auch andere gehackte Nüsse, Kokosraspel oder Schoko-Drops (eventuell einige Drops vor dem Backen unter den Teig heben) oder auch Streusel (siehe unten) auf dem Obst verteilen und backen. • Muffins: Man kann aus diesem Rezept auch Muffins backen. Die Backzeit beträgt dann 25–30 Minuten. • Blech: Du kannst auch eine rechteckige Backform (27 × 18 cm) oder eine quadratische (22 × 22 cm) Form oder eine ähnliche Größe verwenden. Die Backzeit kann sich dann um 10 Minuten reduzieren. • Aufbewahrung: Der Kuchen kann abgedeckt im Kühlschrank 3–5 Tage aufbewahrt oder 3 Monate eingefroren werden.

Für Streusel 50 g Weizenmehl Type 405 (oder Dinkelmehl Type 630 oder glutenfreies Mehl), 25 g zarte Haferflocken, 1 Prise Salz, 25 g braunen Zucker und ½ TL gemahlenen Zimt in einer Schüssel vermischen. 50 g vegane Butter in Würfeln hinzugeben und zu Streuseln verkneten.

Schoko-Birnenkuchen

Zubereitungszeit: 20 Minuten + 50–60 Minuten Backzeit

Zutaten für 14 Stücke

Kuchen

Kokosöl oder vegane Butter
180 g Weizenmehl Type 405 oder Dinkelmehl Type 630 (oder glutenfreies Mehl) + etwas mehr zum Bestäuben
45 g Kakaopulver
2 TL Backpulver
¼ TL Salz
1 TL gemahlener Zimt
100 g Rohrohrzucker (oder anderer Zucker)
180 ml ungesüßte Pflanzenmilch (z. B. Soja-, Hafer-, Haselnuss- oder Mandelmilch)
80 ml Rapsöl (oder Sonnenblumenöl)
100 g Apfelmark (oder Apfelmus, Kürbispüree aus der Dose oder zerdrückte Banane)
1 TL Vanilleextrakt
3 kleine Birnen (ca. 400 g)

Glasur

80 g vegane Bitterschokolade (70 % Kakaoanteil), gehackt
3 TL Kokosöl (oder Margarine)
2–3 EL gehackte Walnüsse (oder Haselnüsse)

Nach Belieben zum Servieren

Vanillesauce (siehe Seite 207)

Außerdem

Kastenform (25 cm Länge)

Kuchen (1) Den Backofen auf 180 °C Ober-/Unterhitze vorheizen. Die Kastenform leicht **einfetten** und mit Backpapier auslegen. (2) **Mehl, Kakaopulver** und **Backpulver** in eine Schüssel sieben. Dann **Salz, Zimt** und **Zucker** hinzugeben und mit einem Schneebesen vermischen. Beiseitestellen. (3) In einem anderen Gefäß **Pflanzenmilch, Rapsöl, Apfelmark** und **Vanilleextrakt** verrühren. Dann in die Mehlmischung gießen und alles kurz zu einem homogenen Teig verrühren. (4) Den Teig in die vorbereitete Backform füllen und glatt streichen. (5) Die **Birnen** waschen und am Blütenansatz ein wenig gerade abschneiden. Dann die Birnen mit etwas **Mehl** bestäuben und nebeneinander in den Teig drücken. (6) Die Form in den vorgeheizten Ofen geben und 50–60 Minuten backen (oder bis ein in den Teig gestochener Holzspieß sauber herauskommt). (7) Anschließend aus dem Ofen nehmen, komplett auskühlen lassen und aus der Form heben.

Glasur (1) Die vegane **Schokolade** mit dem **Kokosöl** langsam über einem Wasserbad schmelzen und über den Kuchen gießen. Nach Belieben gehackte **Walnüsse** darüberstreuen. (2) Die Glasur kurz aushärten lassen. Dann den Kuchen anschneiden und nach Belieben mit **Vanillesauce** genießen.

Tipps • Mehl: Statt Weizen- oder Dinkelmehl kann man auch eine glutenfreie Mehlmischung 1:1 nehmen. Eine Mischung aus hellem Mehl und Vollkornmehl funktioniert auch prima. Wenn man nur Vollkornmehl nimmt, wird der Kuchen vielleicht zu kompakt. • Apfelmark: Man kann stattdessen die gleiche Menge zerdrückte Banane oder Kürbispüree aus der Dose (oder auch selbst gemacht; siehe Seite 128) nehmen. • Mehr Schoko? Wer den Kuchen schokoladiger möchte, der kann gern zuletzt noch einige Schoko-Drops in den Teig rühren.

Nährwerte pro Stück: 233 kcal (F 13 g · KH 26 g · EW 3 g)
optional glutenfrei (mit glutenfreiem Mehl)

Vanille-Biskuitboden – Grundrezept

Zubereitungszeit: 10 Minuten + 22–25 Minuten Backzeit

Zutaten für 1 Tortenboden (8 Stücke)

Kokosöl oder vegane Butter
90 g Weizenmehl Type 405 oder Dinkelmehl Type 630 (oder glutenfreies Mehl)
1 ½ TL Speisestärke (oder Vanille-Puddingpulver)
¾ TL Backpulver
50 g Zucker
1 Prise Salz
1 Prise gemahlene Bourbon-Vanille (oder ½ TL Vanilleextrakt)
90 ml ungesüßte Sojamilch (oder andere Pflanzenmilch) + evtl. 1 EL mehr
40 ml Pflanzenöl (z. B. Raps-, Sonnenblumen- oder Albaöl)
½ EL Apfelessig (oder Weißweinessig)

Außerdem

Springform (Ø 20 cm)

Nährwerte pro Stück: 119 kcal (F 6 g · KH 15 g · EW 2 g)
optional glutenfrei (mit glutenfreiem Mehl)

❶ Den Backofen auf 180 °C Ober-/Unterhitze vorheizen. Den Rand der Springform leicht **einfetten** und den Boden mit Backpapier auslegen. ❷ **Mehl, Stärke** und **Backpulver** in eine Schüssel sieben. Dann **Zucker, Salz** und **Vanille** hinzugeben und alles mit einem Schneebesen vermischen. ❸ In einem Gefäß **Sojamilch, Öl** und **Essig** verrühren und dann mit dem Schneebesen in die Mehlmischung einarbeiten (bei Bedarf 1 EL **Sojamilch** mehr hinzugeben). ❹ Den Teig in die vorbereitete Springform geben. Dann die Form vorsichtig einige Male auf die Arbeitsfläche klopfen, damit Luftblasen entweichen und der Teig glatt wird. Im vorgeheizten Ofen 22–25 Minuten backen, bis ein hineingestochener Holzspieß sauber herauskommt. ❺ Anschließend den Biskuit 10 Minuten in der Form abkühlen lassen. Dann aus der Form lösen, auf ein Kuchengitter setzen und vollständig auskühlen lassen.

Tipps ● Der Vanille-Biskuitboden wird mit dem Schoko-Biskuitboden für die Schoko-Vanille-Torte (siehe Seite 187) verwendet. ● Für eine geschichtete Torte gleich zwei Böden in zwei Formen backen oder die doppelte Menge in einer Form backen. Die Backzeit beträgt dann 35–40 Minuten. Nach dem Kühlen waagerecht halbieren. ● Den Biskuit nach dem Auskühlen am besten in Frischhaltefolie wickeln und über Nacht in den Kühlschrank stellen. Dadurch wird der Kuchen stabiler und kühl, sodass man die Torte am nächsten Tag besser zusammenbauen und schichten kann, ohne dass die Füllung oder das Frosting zerläuft. ● Der Biskuitboden ist vielseitig einsetzbar. Für einen Obstkuchen: Den Boden mit Früchten nach Wahl (Erdbeeren, Himbeeren, Blaubeeren, Brombeeren oder reife, in Spalten geschnittene Birnen, Nektarinen, Pfirsiche, Aprikosen oder Mango oder auch abgetropfte Schattenmorellen aus dem Glas) belegen, dann optional mit Tortenguss überziehen und mit geschlagener veganer Sahne servieren. Für eine Torte: Zwei Biskuitböden mit Himbeersauce (siehe Seite 215) und geschlagener veganer Sahne zu einer Torte schichten. Mit gerösteten Mandelblättchen dekorieren und genießen. Statt Himbeersauce passt auch dicke Rote Grütze (siehe Seite 207; etwas mehr Stärke nehmen) oder jedes andere dickflüssige Obstkompott (zum Beispiel aus Stachelbeeren) sehr gut.

Schoko-Biskuitboden – Grundrezept

Zubereitungszeit: 10 Minuten + ca. 20 Minuten Backzeit

Zutaten für 1 Tortenboden (8 Stücke)

Kokosöl oder vegane Butter
80 g Weizenmehl Type 405 oder Dinkelmehl Type 630 (oder glutenfreies Mehl)
20 g Kakaopulver (3 EL)
¾ TL Backpulver
50 g Zucker (Sorte nach Belieben)
1 Prise Salz
30 ml gebrühter, starker heißer Kaffee (oder ungesüßte Pflanzenmilch)
40 ml Pflanzenöl (z. B. Raps-, Sonnenblumen- oder Albaöl)
½ EL Apfelessig (oder Weißweinessig oder Zitronensaft)

Außerdem

Springform (Ø 20 cm)

Nährwerte pro Stück: 113 kcal (F 6 g · KH 15 g · EW 2 g)
optional glutenfrei (mit glutenfreiem Mehl)

1 Den Backofen auf 180 °C Ober-/Unterhitze vorheizen. Den Rand der Springform leicht **einfetten** und den Boden mit Backpapier auslegen. **2** **Mehl, Kakao-** und **Backpulver** in eine Schüssel sieben. Dann **Zucker** und **Salz** hinzugeben und alles mit einem Schneebesen vermischen. **3** 120 ml warmes Wasser (oder ungesüßte Pflanzenmilch), **Kaffee, Pflanzenöl** und **Apfelessig** in einem Messbecher verrühren. **4** Diese Mischung nun in die Schüssel mit der Mehlmischung gießen und alles nur so lange verrühren, bis sich die Zutaten soeben verbunden haben (der Teig ist sehr flüssig, aber so soll er sein). **5** Den Teig in die vorbereitete Backform füllen. Die Form vorsichtig einige Male auf die Arbeitsfläche klopfen, sodass sich der Teig gleichmäßig verteilt und Luftblasen entweichen. **6** Im vorgeheizten Ofen etwa 20 Minuten backen oder bis ein hineingestochener Holzspieß sauber herauskommt. (Wenn man einen saftigen Tortenboden möchte, sollte man den Biskuit nicht zu lange backen.) **7** Anschließend vollständig auskühlen lassen, aus der Form lösen und dann am besten in Frischhaltefolie wickeln und über Nacht in den Kühlschrank stellen (dadurch wird der Kuchen stabiler und kühl, sodass man die Torte am nächsten Tag besser zusammenbauen und schichten kann, ohne dass das Frosting zerläuft).

Tipps ● Der Schoko-Biskuitboden wird mit dem Vanille-Biskuitboden für die Schoko-Vanille-Torte (siehe Seite 187) und für die coole Kuchen-Bowl (siehe Seite 203) verwendet. Du kannst ihn aber auch wie den Vanille-Biskuitboden mit Obst belegen (siehe Tipps Seite 181). ● Für eine geschichtete Torte gleich zwei Böden in zwei Formen backen oder die doppelte Menge in einer Form backen. Die Backzeit für die doppelte Menge beträgt 30–40 Minuten, die Backzeit für die dreifache Menge etwa 50 Minuten. Nach dem Kühlen waagerecht halbieren oder dritteln. ● Für einen glutenfreien Tortenboden eine glutenfreie Mehlmischung 1:1 verwenden. ● Das Kakaopulver löst sich in lauwarmer oder heißer Flüssigkeit besser auf. Deshalb sollte man mindestens zimmerwarmes Wasser oder Pflanzenmilch sowie heißen Kaffee verwenden. ● Kaffee intensiviert den Schokoladengeschmack. Wer jedoch keinen Kaffee mag, kann einfach mehr Wasser oder Pflanzenmilch nehmen. ● Wem der Biskuit zu krümelig ist, kann 2 EL Wasser oder Pflanzenmilch durch Apfelmark (als Ei-Ersatz) ersetzen.

Mandarinen-Schmand-Kuchen

Zubereitungszeit: 20 Minuten + 55 Minuten Backzeit + 15 Minuten Nachgarzeit

Zutaten für 12 Stücke

Teig und Mandarinenbelag

Kokosöl oder vegane Butter
1 Dose Mandarinen (175 g Abtropfgewicht)
180 g Weizenmehl Type 405 oder Dinkelmehl Type 630 (oder glutenfreies Mehl)
2 TL Backpulver
1 Msp. gemahlene Bourbon-Vanille (oder 1 TL Vanilleextrakt zu den flüssigen Zutaten hinzugeben)
75 g Zucker (Sorte nach Belieben)
1 Prise Salz
120 ml ungesüßte Pflanzenmilch (z. B. Soja- oder Hafermilch)
75 ml neutrales Öl (z. B. Raps- oder Sonnenblumenöl oder vegane Butter)
1 EL Apfelessig (oder Weißweinessig)
3 EL Apfelmark (45 g)

Schmandschicht

350 g zimmerwarmer veganer Frischkäse (oder veganer Mascarpone oder Sojaquark)
160 ml zimmerwarme cremige vollfette Kokosmilch (oder Pflanzensahne)
50 g Zucker

Teig und Mandarinenbelag (1) Den Backofen auf 180 °C Ober-/Unterhitze vorheizen. Den Rand der Springform leicht **einfetten** und den Boden mit Backpapier auslegen. (2) Die **Mandarinen** in ein feinmaschiges Sieb abgießen und zum Abtropfen beiseitestellen. (3) **Mehl, Backpulver** und **Vanille** in eine Rührschüssel sieben. Dann **Zucker** und **Salz** hinzugeben und mit einem Schneebesen vermischen. (4) In einem Messbecher die **Pflanzenmilch** mit **Öl, Essig** und **Apfelmark** verrühren. Dann in die Mehlmischung gießen und alles kurz zu einem relativ dicken Teig verrühren. (5) Den Teig in die vorbereitete Springform geben, glatt streichen und dann die abgetropften Mandarinen nebeneinander auf dem Kuchenteig verteilen. (6) Die Form in den vorgeheizten Ofen geben und 15 Minuten vorbacken.

Schmandschicht (1) Inzwischen veganen **Frischkäse, Kokosmilch, Zucker, Vanille-Puddingpulver** und **Vanille** in eine Rührschüssel geben und mit dem elektrischen Handrührgerät cremig mixen. Beiseitestellen.

Kokos-Topping (1) **Kokosraspel, Kokosblütenzucker, Apfelmark** und **Pflanzenmilch** in eine Schüssel geben und zu Streuseln vermengen. Beiseitestellen.

Kuchen fertig backen (1) Nach 15 Minuten Vorbackzeit die Form aus dem Ofen holen und die Schmandschicht löffelweise gleichmäßig auf den Mandarinen verteilen. Vorsichtig mit einem Teigschaber oder Kuchenspatel glatt streichen und das Kokos-Topping darüberstreuen. (2) Den Kuchen weitere 40 Minuten backen (wenn das Topping zu braun wird, die Oberfläche locker mit Backpapier abdecken). (3) Anschließend den Ofen ausschalten und den Kuchen noch 5 Minuten drinlassen. Danach die Ofentür einen Spalt öffnen und noch mal 10 Minuten drinlassen. (4) Den Kuchen aus dem Ofen nehmen und vollständig in der Form abkühlen lassen. Dann erst herausnehmen, anschneiden und genießen.

Fortsetzung auf Folgeseite ▶

Fortsetzung

Mandarinen-Schmand-Kuchen

1 Pck. Vanille-Puddingpulver (oder 38 g Speisestärke + mehr gemahlene Vanille)
1 Msp. gemahlene Bourbon-Vanille (oder 1 TL Vanilleextrakt)

Kokos-Topping

70 g Kokosraspel
2 EL Kokosblütenzucker (oder brauner Zucker)
2 EL Apfelmark (oder vegane Butter)
1 EL ungesüßte Pflanzenmilch (bei Bedarf)

Außerdem

Springform (Ø 22–24 cm)

Nährwerte pro Stück: 316 kcal (F 14 g · KH 29 g · EW 4 g)
optional glutenfrei (mit glutenfreiem Mehl)

Tipps ● Mehl: Anstelle von Weizen- oder Dinkelmehl kann man eine glutenfreie Mehlmischung 1:1 verwenden. Mit Vollkornmehl klappt es auch, aber dann wird der Kuchen kompakter. ● Zucker: Wenn man einen dunklen Zucker für den Teig nimmt, wird die Farbe des Kuchens auch dunkler. Am Geschmack und an der Konsistenz wird sich jedoch nicht viel ändern. ● Apfelmark: Anstelle von Apfelmark oder Apfelmus kann man die gleiche Menge zerdrückte Banane oder Kürbispüree (aus der Dose oder selbst gemacht; siehe Seite 128) oder Sojajoghurt oder 2 Leinsamen-Eier (2 EL gemahlene Leinsamen mit 6 EL Wasser verrührt, dann 5 Minuten quellen lassen) verwenden. ● Veganer Frischkäse: Stattdessen kann man die gleiche Menge veganen Mascarpone oder 275 g Sojaquark plus 75 g weiche vegane Butter nehmen. ● Blechkuchen: Für einen Blechkuchen ein kleines Backblech verwenden oder das Rezept verdoppeln. Je nach Backform kann dann die Backzeit variieren. Kleinere und flache Kuchen sind grundsätzlich schneller fertig als große und hohe Kuchen. Ein Blechkuchen benötigt insgesamt nur etwa 45 Minuten. Der Teig muss nicht unbedingt vorgebacken werden. ● Muffins: Man kann mit diesem Rezept auch Muffins backen. Dann beträgt die gesamte Backzeit nur 35–40 Minuten, davon 5–10 Minuten zum Vorbacken.

Schoko-Vanille-Torte

Am Vortag vorbereiten

Vorbereitungszeit: 40 Minuten + 35–40 Minuten Backzeit + Kühlzeit über Nacht
Zubereitungszeit: 20 Minuten + mind. 3 Stunden Kühlzeit

Zutaten für 16 Stücke

Tortenböden

2 Schoko-Biskuitböden (siehe Seite 182; doppelte Rezeptmenge entweder in einer Form gebacken zum Halbieren oder in zwei Formen einzeln gebacken; siehe dort auch Tipps)
2 Vanille-Biskuitböden (siehe Seite 181; doppelte Rezeptmenge entweder in einer Form gebacken zum Halbieren oder in zwei Formen einzeln gebacken; siehe dort auch Tipps)

Nuss-Nugat-Füllung

120 g ungesüßte Pflanzensahne
3 ½ TL San-apart
200 g veganer Frischkäse
200 g vegane Nuss-Nugat-Creme

Schokoladen-Frosting

300 g vegane Bitterschokolade (70 % Kakaoanteil), grob gehackt
300 g ungesüßte Pflanzensahne
50 g Puderzucker

❶ Tortenböden, Nuss-Nugat-Füllung und Schokoladen-Frosting am Vortag vorbereiten.

Tortenböden ❶ Am Vortag die **Schoko-Biskuitböden** und **Vanille-Biskuitböden** (beides doppelte Rezeptmengen) gemäß Rezept backen. Auskühlen lassen, in Frischhaltefolie wickeln und über Nacht in den Kühlschrank stellen.

Nuss-Nugat-Füllung ❶ Ebenfalls am Vortag die **Pflanzensahne** in ein Rührgefäß geben, mit dem Handrührgerät steif schlagen und dabei das **San-apart** einrieseln lassen. ❷ In einer anderen Rührschüssel veganen **Frischkäse** und vegane **Nuss-Nugat-Creme** glatt rühren. Dann die aufgeschlagene Sahne vorsichtig unter die Schokocreme heben. Anschließend über Nacht abgedeckt kalt stellen.

Schokoladen-Frosting ❶ Gleichfalls am Vortag die gehackte **Schokolade** in eine hitzebeständige Schüssel geben. ❷ Die **Pflanzensahne** in einem kleinen Topf erhitzen, bis sie fast aufkocht. Dann über die gehackte Schokolade gießen und etwa 5 Minuten stehen lassen. ❸ Den **Puderzucker** hinzugeben und umrühren, bis eine glatte Ganache entsteht. Anschließend ebenfalls über Nacht in den Kühlschrank stellen.

Torte schichten ❶ Am nächsten Tag beide Biskuitböden mit einem scharfen Messer jeweils waagerecht halbieren. Einen Schoko-Boden auf eine Tortenplatte legen (eventuell mit einem Tortenring umschließen) und ein Drittel der Nuss-Nugat-Füllung gleichmäßig darauf verteilen. Dann einen Vanille-Boden darauflegen und den Vorgang wiederholen, bis Füllung und Böden aufgebraucht sind. ❷ Zum Schluss die Torte rundum mit etwa zwei Drittel des Schokoladen-Frostings bestreichen. Anschließend die Torte mindestens 3 Stunden (oder über Nacht) kühlen. Den Rest des Frostings in einen Spritzbeutel füllen und für die Dekoration im Kühlschrank aufbewahren.

Fortsetzung auf Folgeseite ▶

Fortsetzung

Schoko-Vanille-Torte

Drip

100 g vegane Bitterschokolade (70 % Kakaoanteil), grob gehackt

40 g vegane Butter (oder Kokosöl)

Nach Belieben zum Dekorieren

Kakaopulver

Beeren oder anderes Obst (z. B. Himbeeren, Johannisbeeren, Granatapfelkerne)

Außerdem

Spritzbeutel mit Sterntülle

evtl. ein weiterer Spritzbeutel ohne Tülle

Nährwerte pro Stück: 314 kcal (F 25 g · KH 16 g · EW 4 g) optional glutenfrei (mit glutenfreiem Mehl)

Drip und Deko ❶ Die gehackte **Schokolade** mit der veganen **Butter** langsam über einem Wasserbad schmelzen. Dann den Drip mithilfe eines Spritzbeutels oder Teelöffels langsam am Tortenrand herunterlaufen lassen. ❷ Mit dem restlichen gekühlten Schokoladen-Frosting hübsche Rosetten auf die Torte spritzen und nach Belieben mit **Kakaopulver** und **Beeren** dekorieren.

Tipps • Es ist am besten, wenn man Tortenböden, Nuss-Nugat-Füllung und Schokoladen-Frosting am Vortag zubereitet. Dann haben alle Komponenten genügend Zeit zum Kühlen und man kann die Torte leichter schichten und zusammensetzen.
• Vor dem Verzehr die Torte mindestens 3 Stunden (oder über Nacht) in den Kühlschrank stellen, damit sie stabiler ist.
• Die Torte hält sich bis zu 5 Tage im Kühlschrank. Sollten Stücke übrig bleiben, kann man sie auch 3 Monate einfrieren. Bei Bedarf dann einfach herausholen und über Nacht im Kühlschrank auftauen lassen.

VEGAN

Chocolate Chip Blondies

Zubereitungszeit: 10 Minuten + 20–25 Minuten Backzeit

Zutaten für 9 Stück

1 große Banane (geschält 160 g; alternativ Apfelmark oder Kürbispüree aus der Dose oder selbst gemacht; siehe Seite 128)
120 g Erdnussmus (oder anderes Nussmus)
60 g Ahornsirup (oder anderer Sirup)
2 EL Kokosblütenzucker (oder anderer Zucker)
2 TL Vanilleextrakt
1 TL Apfelessig (oder anderer Essig oder Zitronensaft)
3 EL ungesüßte Pflanzenmilch (z. B. Soja-, Hafer-, Kokos- oder Mandelmilch)
160 g gemahlene Haferflocken
1 Msp. Salz
1 TL Backpulver
½ TL Natron (oder 1 TL mehr Backpulver)
120 g vegane Schoko-Drops (oder gehackte Bitterschokolade)

Außerdem

Backform (20 × 20 cm)

Nährwerte pro Stück: 273 kcal (F 13 g · KH 31 g · EW 7 g)
glutenfrei

(1) Den Backofen auf 180 °C Ober-/Unterhitze vorheizen und die Backform mit Backpapier auslegen. (2) Die **Banane** zerdrücken und mit **Erdnussmus, Ahornsirup, Kokosblütenzucker, Vanilleextrakt, Apfelessig** und **Pflanzenmilch** vermischen. (3) **Haferflocken, Salz, Backpulver** und **Natron** dazugeben und zu einem Teig verrühren. (4) Die Hälfte der **Schoko-Drops** unterheben und den Teig in die vorbereitete Backform füllen. (5) Die restlichen **Schoko-Drops** darüber verteilen und im vorgeheizten Ofen 20–25 Minuten backen. (6) Anschließend 10 Minuten in der Form abkühlen lassen. Dann vorsichtig herausnehmen und vollständig auskühlen lassen. (7) In Quadrate schneiden und genießen.

Tipps • Aufbewahrung: Die Chocolate Chip Blondies halten sich in einem luftdicht schließenden Behälter 3 Tage bei Raumtemperatur oder bis zu 5 Tage im Kühlschrank. Sie lassen sich auch gut 3 Monate einfrieren. • Vor dem Verzehr kurz in der Mikrowelle erhitzen. Das macht die Blondies wieder weich, saftig und besonders lecker.

No-Bake-Brownie-Herzen
(Rezept siehe Seite 196)

Süße Köstlichkeiten

Süße Köstlichkeiten

No-Bake-Brownie-Herzen

Zubereitungszeit: 35 Minuten + 10 Minuten Kühlzeit

Zutaten für ca. 15 Stück
120 g gemahlene Mandeln (oder andere Nüsse)
35 g Kakaopulver
160 g Soft-Datteln
1 TL Vanilleextrakt
1 Prise Salz
170 g vegane Schokolade (Sorte nach Belieben)
bunte Zuckerstreusel (optional zum Garnieren)

Außerdem
Herz-Ausstechformen oder andere Formen
ca. 15 Lolli- oder Cake-Pop-Stiele

Nährwerte pro Stück: 413 kcal (F 9 g · KH 76 g · EW 3 g)
glutenfrei

❶ Gemahlene **Mandeln, Kakaopulver, Datteln, Vanilleextrakt** und **Salz** in eine Küchenmaschine geben und zu einer leicht klebrigen Masse verarbeiten. ❷ Die Masse zusammendrücken und auf Backpapier beliebig dick ausrollen (damit der Teig nicht am Nudelholz kleben bleibt, kann man Frischhaltefolie dazwischenlegen). ❸ Dann mit Plätzchenausstechern Herzen ausstechen (oder andere Motive oder einfach in Quadrate oder Riegel schneiden oder zu Bliss Balls formen). Den restlichen Teig wieder zusammenfügen, erneut ausrollen und weitere Herzen ausstechen, bis der Teig aufgebraucht ist. ❹ Je einen Lolli-Stiel in die Brownie-Herzen stecken. Dann auf ein mit Backpapier ausgelegtes Backblech legen und 10 Minuten ins Gefrierfach (oder 20–30 Minuten in den Kühlschrank) stellen. ❺ Währenddessen die **Schokolade** langsam über einem Wasserbad schmelzen. ❻ Die gekühlten Brownie-Herzen mit der geschmolzenen Schokolade überziehen, zurück auf das Backblech legen und die Schokolade fest werden lassen. ❼ Nach Belieben mit der restlichen geschmolzenen Schokolade und mit bunten **Zuckerstreuseln** garnieren. Fest werden lassen und genießen oder die hübschen Brownie-Herzen verschenken.

Tipps ● Man kann auch ganze Mandeln verwenden und diese in der Küchenmaschine mahlen, bevor man die restlichen Zutaten hinzufügt. ● Wenn die Schokolade zu dickflüssig ist, etwas Kokosöl unterrühren, um sie gießfähiger zu machen. ● Die Brownie-Herzen können in einem verschlossenen Behälter im Kühlschrank bis zu 5 Tage aufbewahrt oder für noch längere Zeit eingefroren werden.

Apple Crumble

Zubereitungszeit: 15 Minuten + ca. 30 Minuten Backzeit

Zutaten für 6 Portionen

100 g Weizenmehl Type 405 oder Dinkelmehl Type 630 (oder glutenfreies Mehl)
50 g zarte Haferflocken
1 Prise Salz
50 g brauner Zucker + etwas mehr zum Bestreuen
1 TL gemahlener Zimt
100 g vegane Butter, gewürfelt
3 Äpfel (ca. 500 g)
Saft von ½ Zitrone (optional)
40 g gehobelte Mandeln (oder andere Nüsse)

Nach Belieben zum Garnieren
Puderzucker
Granatapfelkerne

Nach Belieben zum Servieren
Vanille-Eiscreme
vegane Karamellsauce oder Vanillesauce (siehe Seite 207)

Nährwerte pro Portion: 298 kcal (F 15 g · KH 35 g · EW 4 g)
optional glutenfrei (mit glutenfreiem Mehl)

1 Den Backofen auf 200 °C Ober-/Unterhitze (oder 180 °C Umluft) vorheizen. 2 **Mehl, Haferflocken, Salz, Zucker** und **Zimt** in einer Schüssel vermischen. Die vegane **Butter** in Würfeln hinzugeben und alles miteinander zu Streuseln verkneten. 3 Die **Äpfel** waschen, vierteln, entkernen und in Würfel schneiden. Dann mit etwas **Zitronensaft** vermengen, damit sie nicht braun werden, und in eine Auflaufform oder ofenfeste Pfanne geben. 4 Die Streusel auf den Äpfeln verteilen, mit gehobelten **Mandeln** und noch etwas **braunem Zucker** bestreuen. In den vorgeheizten Ofen geben und etwa 30 Minuten goldbraun backen. 5 Anschließend kurz abkühlen lassen und nach Belieben mit etwas **Puderzucker** bestäuben und mit **Granatapfelkernen** garnieren. Dazu schmeckt **Vanille-Eiscreme** und vegane **Karamellsauce** oder auch **Vanillesauce.**

Tipps • Dieses Rezept gelingt auch mit anderem Obst wie Pflaumen, Birnen, Kirschen oder Beeren. • Für eine glutenfreie Alternative eignet sich eine glutenfreie Mehlmischung 1:1. • Statt braunen Zucker kann man auch Rohrohrzucker, Kokosblütenzucker, normalen Haushaltszucker oder einen anderen Zucker verwenden. • Restlicher Crumble hält sich wie Apfelkuchen bis zu 4 Tage im Kühlschrank. Der Streuselteig kann auch eingefroren werden.

Schoko-Kokos-Riegel

Am Vortag vorbereiten

Zubereitungszeit: ca. 20 Minuten + 60 Minuten Kühlzeit

Zutaten für 16 Stück

Kokosfüllung

150 g Kokosraspel
150 g Kokoscreme (siehe Tipps)
60 g Agavendicksaft

Glasur

150 g vegane Bitterschokolade (70 % Kakaoanteil)
2 TL Kokosöl

Nach Belieben zum Dekorieren

Kokosraspel

Nährwerte pro Stück: 142 kcal (F 11 g · KH 7 g · EW 3 g)
glutenfrei

1 Für die Kokosfüllung **Kokosraspel, Kokoscreme** und **Agavendicksaft** in einer Schüssel vermengen. Dann aus der Masse etwa 16 kleine Kokosriegel formen und mit etwas Abstand nebeneinander auf ein mit Backpapier ausgelegtes Backblech oder Tablett legen. Anschließend 60 Minuten ins Gefrierfach stellen, damit die Masse fester wird. 2 Für die Glasur die **Schokolade** hacken, mit dem **Kokosöl** in eine hitzebeständige Schüssel geben und langsam über einem Wasserbad schmelzen. 3 Die Kokosportionen aus dem Gefrierfach holen und mithilfe eines Löffels oder einer Gabel in die geschmolzene Schokoglasur tunken. Auf einem Kuchengitter mit daruntergelegtem Backpapier trocknen lassen. Die restliche Schokoglasur wieder erwärmen und die Riegel nach Belieben mit einem Schokoladen-Swirl dekorieren. 4 Nach Belieben mit **Kokosraspeln** bestreuen und die Riegel frisch genießen, bis zu 2 Wochen im Kühlschrank lagern oder bis zu 1 Monat einfrieren.

Tipps • Kokoscreme: Das ist der feste Anteil, der sich bei einer Dose Kokosmilch oben absetzt. Eine Dose (400 ml) vollfette Kokosmilch mindestens 24 Stunden im Kühlschrank kalt stellen. Dann die Dose vorsichtig öffnen (ohne zu schütteln!) und die feste Kokoscreme abnehmen (bei einer 400-ml-Dose gewinnt man etwa 150 g Kokoscreme). Restliche Kokosmilch anderweitig verwenden. • Sirup: Statt Agavendicksaft kann man Reissirup oder einen anderen hellen Sirup verwenden. Bei Verwendung von dunklem Sirup wie Ahornsirup, Dattelsirup oder Kokosblütensirup wird die Kokosmasse dunkler. • Variation: Man kann aus der Kokosfüllung Bällchen formen oder die gesamte Masse in eine mit Backpapier oder Frischhaltefolie ausgelegte Backform drücken. Dann einfrieren und anschließend in Riegel schneiden und mit Schokoglasur überziehen.

Coole Kuchen-Bowl

Am Vortag vorbereiten

Vorbereitungszeit: 10 Minuten + 15–18 Minuten Backzeit + Kühlzeit über Nacht
Zubereitungszeit: 25 Minuten + Kühlzeit

Zutaten für 8 Portionen

Kuchenschicht
- 1 Schoko-Biskuitboden (siehe Seite 182; Teig in 4 kleinen Springformen (Ø 12 cm) gebacken; siehe auch Tipps)

Cremeschicht
- 150 ml vegane Schlagcreme (oder andere aufschlagbare Pflanzensahne)
- 2 EL Puderzucker (oder anderer Zucker oder Sirup; nach Geschmack)
- 1 TL Vanilleextrakt (oder anderes Aroma)
- 3 TL San-apart (optional, damit die Creme fester wird)
- 150 g Sojaquark Skyr-Style (oder andere Quarkalternative oder Seidentofu)

Schokoglasur
- 150 g vegane Bitterschokolade (70 % Kakaoanteil)
- 2 TL Kokosöl (optional)

Nach Belieben zum Dekorieren
- frische Früchte (z. B. Kirschen und Brombeeren)
- kleine Minzeblätter

Nährwerte pro Portion: 191 kcal (F 14 g · KH 11 g · EW 4 g)
optional glutenfrei (mit glutenfreiem Mehl)

Kuchenschicht ❶ Am Vortag die **Schoko-Biskuitböden** gemäß Rezept backen. Auskühlen lassen, in Frischhaltefolie wickeln und über Nacht in den Kühlschrank stellen. ❷ Die vier kleinen Schoko-Biskuitböden waagerecht halbieren und die oberen Hälften umgedreht jeweils in eine Schale legen, sodass die Rundung nach unten und die gerade Schnittfläche nach oben zeigt.

Cremeschicht ❶ Vegane **Schlagcreme** mit **Puderzucker, Vanilleextrakt** und **San-apart** in einem Rührgefäß steif schlagen. Dann den **Sojaquark** dazugeben und kurz unterrühren. ❷ Die Hälfte der Creme auf den Schokoböden in den Schalen verteilen und glatt streichen. Dann die unteren Bodenhälften darauflegen und vorsichtig andrücken. Nun die restliche Creme daraufgeben und wieder schön glatt streichen. ❸ Die Schalen kurz in den Kühlschrank oder ins Gefrierfach stellen, damit die Schokolade schneller fest wird und die Sahne nicht schmilzt.

Schokoglasur ❶ Inzwischen die **Schokolade** hacken, in eine hitzebeständige Schüssel geben und über einem Wasserbad langsam schmelzen. Falls gewünscht, das **Kokosöl** unterrühren, damit die Schokolade flüssiger wird. ❷ Die Schalen aus dem Kühlschrank nehmen, die Schokoglasur auf den Cremeschichten verteilen und im Kühlschrank fest werden lassen. ❸ Nach Belieben mit frischen **Früchten** und **Minze** dekorieren und schmecken lassen.

Tipps • Schoko-Biskuitböden: Ich habe den Teig in vier kleine Springformen (Ø 12 cm) gefüllt und nur 15–18 Minuten gebacken. Man kann aber auch, wie im Rezept auf Seite 182 angegeben, eine 20-cm-Springform verwenden und eine große Kuchen-Bowl zubereiten statt vier kleine. • Quarkalternative: Man kann auch gesüßten Sojaquark mit Geschmack nehmen und Zucker und Vanilleextrakt dann weglassen. • Weitere Schicht: Wer mag, gibt noch eine Fruchtschicht in die Mitte der Bowls, zum Beispiel Himbeersauce (siehe Seite 215) oder Rote Grütze (siehe Seite 207). • Zuckerfrei: Verwende Erythrit und zuckerfreie Schokolade!

Christstollen

Am Vortag vorbereiten

Vorbereitungszeit: 5 Minuten + Einweichzeit über Nacht
Zubereitungszeit: 20 Minuten + 105–110 Minuten Ruhezeit + ca. 55 Minuten Backzeit

Zutaten für ca. 18 Scheiben

Trockenfruchtmischung
- 150 g Rosinen
- 75 g Orangeat
- 75 g Zitronat
- 50 ml Rum (oder Orangensaft)

Hefeteig
- 80 ml ungesüßte Sojamilch (oder andere Pflanzenmilch)
- 75 g Rohrohrzucker (oder anderer Zucker)
- 21 g frische Hefe (½ Würfel oder 1 Pck. Trockenhefe, 7 g)
- 450 g Weizenmehl Type 405 oder Dinkelmehl Type 630 (oder glutenfreies Mehl)
- 50 g gemahlene Mandeln (oder andere gemahlene Nüsse)
- 1 Prise Salz
- 1 TL gemahlener Zimt
- 1 TL Christstollen-Gewürzmischung (aus je 1 Prise Kardamom, Gewürznelken, Ingwer, Muskatnuss, Vanille)
- 60 g Apfelmark (oder Sojaquark)
- 140 g weiche vegane Butter
- 1 Fläschchen (2 ml) Bittermandel-Backaroma (optional)

Trockenfruchtmischung 1 **Rosinen, Orangeat** und **Zitronat** in eine Schüssel geben. Mit dem **Rum** begießen und alles gut vermengen. Dann über Nacht abgedeckt einweichen lassen.

Hefeteig 1 Die **Sojamilch** handwarm erwärmen (32–35 °C). 1 EL **Zucker** hinzugeben, die **Hefe** hineinbröseln und verrühren, bis sich die Hefe aufgelöst hat. 2 Das **Mehl** in eine Schüssel geben und eine Mulde formen. Die Hefemischung hineingießen und vom Rand her mit Mehl bedecken. Beiseitestellen und 15–20 Minuten ruhen lassen. 3 Danach gemahlene **Mandeln,** restlichen **Zucker, Salz, Zimt, Gewürzmischung, Apfelmark** und vegane **Butter** hinzugeben und alles 5–8 Minuten mit den Knethaken einer Küchenmaschine (oder mit den Händen) kneten. Zuletzt die eingeweichte Trockenfruchtmischung und optional **Bittermandel-Backaroma** hinzugeben und auf langsamer Stufe kurz unterkneten. 4 Den Teig abdecken und an einem warmen Ort 60 Minuten gehen lassen. (Wer den Stollen erst am nächsten Tag backen möchte, kann die Schüssel über Nacht in den Kühlschrank stellen. Am nächsten Tag die Schüssel 20 Minuten vor der Weiterverarbeitung herausholen.)

Stollen formen und backen 1 Den Teig zu einem Stollen formen, auf ein mit Backpapier ausgelegtes Backblech legen und noch mal 30 Minuten abgedeckt gehen lassen. 2 Den Backofen auf 200 °C Ober-/Unterhitze vorheizen. Dann in den vorgeheizten Ofen geben und 10 Minuten backen. Danach die Hitze auf 160 °C reduzieren und weitere etwa 45 Minuten backen (sollte der Stollen zu dunkel werden, locker mit Backpapier abdecken). 3 Zum Bestreichen die vegane **Butter** schmelzen. Den Stollen aus dem Ofen nehmen und mit der Butter bepinseln, während er noch heiß ist. Dann vollständig abkühlen lassen und mit **Puderzucker** bestäuben.

Fortsetzung auf Folgeseite ▶

Fortsetzung

Christstollen

Zum Bestreichen und Bestäuben

2–3 EL vegane Butter
1–2 EL Puderzucker

Nährwerte pro Scheibe: 241 kcal (F 8 g · KH 36 g · EW 4 g)
optional glutenfrei (mit glutenfreiem Mehl)

Tipps ● Gewürze: Man kann die Gewürzmischung nach Belieben selbst zusammenstellen. ● Trockenfrüchte: Statt (traditionell) Rosinen, Orangeat und Zitronat kann man andere klein gehackte Trockenfrüchte wie Feigen, Datteln, Aprikosen, Cranberrys oder Pflaumen nehmen. ● Marzipan: Nach Belieben zusätzlich Marzipanrohmasse zu einer flachen langen Stange rollen und vorsichtig beim Formen des Stollens als Füllung einarbeiten. ● Backform: Wer eine Stollen-Backform hat, kann gern diese verwenden. ● Stollenkonfekt: Aus dem Teig 50–60 Konfektportionen formen und bei gleicher Temperatur 15–20 Minuten backen. ● Der Christstollen schmeckt am besten, wenn er 1–2 Wochen durchgezogen ist. Zum Lagern gut in Alufolie wickeln und erst vor dem Servieren mit Puderzucker bestäuben.

Rote Grütze mit Vanillesauce

Zubereitungszeit:
ca. 15 Minuten + Abkühlzeit

Zutaten für 4 Portionen

Rote Grütze

180 ml roter Fruchtsaft (z. B. Cranberry-, Johannisbeer- oder Kirschsaft)
2 EL Speisestärke (oder Vanille-Puddingpulver)
500 g TK-Beerenmischung
2 EL Rohrohrzucker (oder anderer Zucker oder Sirup nach Geschmack)

Vanillesauce

500 ml ungesüßte Pflanzenmilch (z. B. Soja-, Kokos- oder Mandelmilch)
20 g Speisestärke (oder Vanille-Puddingpulver)
1 Prise gemahlene Kurkuma (optional für die Farbe)
3 EL Rohrohrzucker (oder anderer Zucker oder Sirup nach Geschmack)
1–2 TL Vanilleextrakt (oder gemahlene Bourbon-Vanille oder Mark von 1 Vanilleschote)

Nach Belieben zum Garnieren

frische Beeren (z. B. Himbeeren, Blaubeeren und Brombeeren)
Granatapfelkerne
Minze
Kokosraspel

Rote Grütze ❶ 3 EL roten **Fruchtsaft** in ein kleines Gefäß geben. Die **Speisestärke** hinzugeben und mit einem Schneebesen glatt verrühren. ❷ Die **TK-Beerenmischung** und den restlichen **Fruchtsaft** in einen Topf geben und zum Kochen bringen. Dann Stärkemischung und **Zucker** hinzufügen und kurz verrühren. Die Mischung noch mal aufkochen und 1–2 Minuten köcheln lassen, bis sie eindickt. Vom Herd nehmen und abkühlen lassen.

Vanillesauce ❶ 3 EL **Pflanzenmilch** in ein kleines Gefäß geben und die **Speisestärke** mit **Kurkuma** (optional) darin auflösen. ❷ Die restliche **Pflanzenmilch** in einem Topf zum Kochen bringen. Dann Stärkemischung, **Zucker** und **Vanilleextrakt** einrühren und noch mal unter Rühren aufkochen. Anschließend vom Herd nehmen und ebenfalls abkühlen lassen (wenn man verhindern möchte, dass sich auf der Sauce eine Haut bildet, die Oberfläche mit Frischhaltefolie abdecken).

Garnieren und servieren ❶ Die Rote Grütze noch lauwarm oder gut gekühlt auf Dessertgläser verteilen und mit der ebenfalls noch lauwarmen oder gut gekühlten Vanillesauce begießen. Die Portionen nach Belieben mit frischen **Beeren, Granatapfelkernen, Minze** und **Kokosraspeln** garnieren und genießen.

Tipps • Serviervorschlag: Die Rote Grütze schmeckt auch gut als Topping für Waffeln und Pfannkuchen. Ebenso zu Baked Oatmeal (siehe Seite 20), Schoko-Crêpes (siehe Seite 23) oder zu Kuchen wie Zebra-Cheesecake (siehe Seite 161) oder Schoko-Vanille-Torte (siehe Seite 187). Super auch als Tortenfüllung: Mit dicker Roter Grütze

Fortsetzung auf Folgeseite ▶

Fortsetzung

Rote Grütze mit Vanillesauce

Nährwerte pro Portion: 236 kcal (F 1 g · KH 52 g · EW 2 g)
glutenfrei

(etwas mehr Stärke nehmen), zwei Vanille-Biskuitböden (siehe Seite 181) und aufgeschlagener veganer Sahne lässt sich eine schnelle Torte schichten. Und wer eine gesündere Alternative zu Konfitüre essen möchte, der streicht sich Rote Grütze auf Brot, Brötchen oder Hörnchen. ● Warm/kalt: Probiere mal warme Vanillesauce auf kalter Roter Grütze. Oder genieße Grießbrei (siehe Seite 215) mit Roter Grütze statt Himbeersauce. ● Aufbewahrung: Restliche Rote Grütze und Vanillesauce sind im Kühlschrank 3–4 Tage haltbar. Wer sich einen Vorrat anlegen möchte, kann die Rote Grütze noch heiß in saubere Einmachgläser füllen und fest verschließen. Bei kühler und dunkler Lagerung hält sich eingemachte Rote Grütze locker 1 Monat. Man kann sie aber auch gut einfrieren.

Erdnuss-Cluster

Zubereitungszeit: 10 Minuten + ca. 12 Minuten Backzeit

Zutaten für ca. 36 Stück

225 g ungesalzene geröstete Erdnüsse (oder andere Nüsse)
1 TL gemahlener Zimt
¾ TL Salz
4 EL gepuffte Quinoa (oder gepufftes Amaranth; siehe Tipps)
3 EL Erdnussmus (40 g; oder anderes Nussmus)
80 g Reissirup (oder Löwenzahnhonig)

Außerdem

Backform (20 × 20 cm)

Nährwerte pro Stück: 58 kcal (F 4 g · KH 4 g · EW 2 g)
glutenfrei, frei von raffiniertem Zucker

1 Den Backofen auf 180 °C Ober-/Unterhitze vorheizen und die Backform mit Backpapier auslegen. **2** Die **Erdnüsse** in einer Küchenmaschine oder mit einem scharfen Messer grob hacken und in eine Schüssel geben. **Zimt, Salz** und **Quinoa** hinzugeben und alles vermischen. Dann **Erdnussmus** und **Reissirup** hinzugeben und alles mit einem Teigschaber vermengen, bis eine klebrige Masse entsteht. **3** Die Nussmasse in die vorbereitete Backform geben, mit dem Teigschaber gleichmäßig verteilen und fest andrücken. **4** Im vorgeheizten Ofen etwa 12 Minuten backen oder bis die Oberfläche goldbraun ist (wenn man die Masse auf ein größeres Backblech gibt, wird die Schicht deutlich flacher, sodass die Backzeit kürzer ist. Den Backvorgang beobachten, damit die Masse nicht zu dunkel wird). **5** Aus dem Ofen nehmen und etwa 10 Minuten abkühlen lassen. Dann vorsichtig aus der Form herausheben und mit einem scharfen Messer in etwa 36 Stücke schneiden. Vollständig auskühlen lassen und dann schmecken lassen.

Tipps ● Nüsse und Nussmus: Du kannst auch andere Sorten wie Mandeln, Cashews, Macadamianüsse, Pekannüsse, Walnüsse oder Haselnüsse nehmen oder verschiedene Sorten kombinieren. Auch Kerne und Saaten sind super. ● Quinoa: Stattdessen kannst du neben gepufftem Amaranth auch Kakaonibs oder gehackte Trockenfrüchte verwenden. ● Zimt und Salz: Auch andere Aromen und Gewürze sind toll, zum Beispiel Vanille, Chai Spice und Kürbisgewürz (siehe Seite 61) – werde kreativ! ● Schokolade: Wenn du möchtest, kannst du die Nuss-Cluster zum Schluss in etwas geschmolzene Schokolade tunken oder damit beträufeln.

Zitronenplätzchen

Zubereitungszeit: 15 Minuten
+ 60 Minuten Kühlzeit
+ 12–15 Minuten Backzeit

Zutaten für 26–28 Stück
100 g vegane Butter
80 g Rohrohrzucker
(oder anderer Zucker)
50 g Apfelmark
Saft (45 ml) und abgeriebene
Schale von 1 Biozitrone
260 g Weizenmehl Type 405
oder Dinkelmehl Type 630
(oder glutenfreies Mehl)
1 TL Backpulver
1 Prise gemahlene
Bourbon-Vanille
1 Prise Salz
Zum Wälzen
ca. 3 EL Rohrohrzucker
(oder anderer Zucker)
ca. 3 EL Puderzucker

Nährwerte pro Stück: 79 kcal
(F 3 g · KH 13 g · EW 1 g)
optional glutenfrei (mit glutenfreiem Mehl)

1 Zuerst vegane **Butter** und **Zucker** mit dem Handrührgerät cremig mixen. 2 Dann **Apfelmark, Zitronensaft** und **Zitronenschale** hinzugeben und kurz unterrühren. 3 Nun **Mehl, Backpulver** und **Vanille** hineinsieben. Das **Salz** dazugeben und alles zunächst mit einem Teigschaber oder Holzlöffel vermengen. Dann mit den Handflächen vorsichtig weiterkneten, bis ein weicher, glatter und leicht klebriger Teig entsteht. 4 Den Teig zu einer Kugel formen, in Frischhaltefolie wickeln und 60 Minuten im Kühlschrank kalt stellen. 5 Inzwischen den Backofen auf 180 °C Ober-/Unterhitze vorheizen und zwei Backbleche mit Backpapier auslegen. 6 Zum Wälzen den **Zucker** auf einen Teller streuen und den **Puderzucker** auf einen zweiten Teller sieben. 7 Den Teig aus dem Kühlschrank holen und auspacken. Dann walnussgroße Stücke (à etwa 20 g) abstechen und zu Kugeln formen. Jede Kugel zuerst in Zucker und danach in Puderzucker wälzen. Dann mit genügend Abstand auf die vorbereiteten Backbleche setzen. 8 Nacheinander in den vorgeheizten Ofen geben und auf der mittleren Schiene 12–15 Minuten backen. 9 Anschließend die Zitronenplätzchen auf dem Backblech vollständig auskühlen lassen und in einer gut verschließbaren Dose oder in einem Glas aufbewahren.

Tipps • Wenn du keinen Puderzucker hast, kannst du eine andere körnige Zuckersorte verwenden und diese in der Küchenmaschine, im Mixer oder in der Kaffeemühle zu feinem Pulver mahlen. • Anstatt die Plätzchen in Zucker und Puderzucker zu wälzen, kannst du sie pur backen und nach dem Abkühlen mit einer Zucker- oder Zitronenglasur überziehen.

Für selbst gemachte Zucker- oder Zitronenglasur 75 g Puderzucker in eine Schüssel sieben, 1–2 EL Wasser oder Zitronensaft einrühren und die Plätzchen damit bepinseln.

Grießbrei mit Himbeersauce

Zubereitungszeit: 15 Minuten

Zutaten für 4 Portionen

Grießbrei

500 ml ungesüßte Pflanzenmilch (z. B. Soja-, Hafer-, Mandel- oder Kokosmilch)
1 Prise Salz
60 g Weichweizengrieß (oder Dinkelgrieß)
2 EL Agavendicksaft (oder anderer Sirup oder Zucker)
1 EL Nussmus (z. B. Mandel-, Cashew-, Haselnuss- oder Erdnussmus)
1 Prise gemahlene Bourbon-Vanille (oder gemahlener Zimt)

Himbeersauce

1 EL Speisestärke (oder Vanille-Puddingpulver, Pfeilwurzmehl oder Tapiokastärke)
60 ml Wasser (oder Fruchtsaft)
200 g Himbeeren (TK oder frisch)
½ TL Vanilleextrakt (optional)
1 Spritzer Zitronensaft
2–3 EL Zucker (oder Sirup; nach Geschmack)

Nach Belieben zum Garnieren

frische Himbeeren
Granatapfelkerne
Kokosraspel
kleine Minzeblätter

Nährwerte pro Portion: 234 kcal (F 3 g · KH 45 g · EW 4 g)

Grießbrei 1 **Pflanzenmilch** mit dem **Salz** in einem kleinen Topf zum Kochen bringen. Dann die Hitze herunterschalten und den **Grieß** langsam mit einem Schneebesen einrühren, bis die Mischung etwas andickt. 2 **Agavendicksaft, Nussmus** und **Vanille** unterrühren. Dann den Topf vom Herd nehmen und 5 Minuten abgedeckt quellen lassen.

Himbeersauce 1 Die **Speisestärke** mit 2–3 EL Wasser in einem kleinen Gefäß verrühren und beiseitestellen. 2 Die **Himbeeren** mit dem restlichen Wasser in einen Topf geben, zum Kochen bringen und köcheln lassen, bis die Himbeeren weich sind. 3 Dann mit einer Gabel zerdrücken, die Stärkemischung einrühren und erneut aufkochen, bis die Sauce eindickt. **Vanilleextrakt, Zitronensaft** und **Zucker** nach Geschmack einrühren und vom Herd nehmen.

Servieren 1 Den Grießbrei noch mal gut durchrühren und dann abwechselnd mit der Himbeersauce in Gläser schichten oder in Schalen servieren. 2 Nach Belieben mit **Himbeeren, Granatapfelkernen, Kokosraspeln** und **Minze** garnieren und warm oder kalt genießen!

Tipp • Falls du selbst gemachte Rote Grütze (siehe Seite 207) fertig im Kühlschrank hast, kannst du den Grießbrei auch damit servieren – schmeckt hervorragend!

Apfelküchle mit Zimtzucker

Zubereitungszeit: 20 Minuten + 10 Minuten Backzeit

Zutaten für 8–10 Stück

Küchle

2 große Äpfel (z. B. Elstar, Braeburn oder Boskoop)
80 g grobe oder feine Haferflocken
1 TL Backpulver
1 Prise Salz
1 EL Kokosblütenzucker (oder anderer Zucker)
1 ½ TL gemahlener Zimt
160 ml ungesüßte Pflanzenmilch (z. B. ungesüßte Soja- oder Mandelmilch)
1 TL Apfelessig (oder Weißweinessig oder 2 TL Zitronensaft)
1–2 EL Öl

Zimtzucker

½ TL gemahlener Zimt
1 EL Kokosblütenzucker (oder anderer Zucker)

Nach Belieben zum Servieren

Nussmus (z. B. Mandel-, Haselnuss- oder Erdnussmus) oder Vanillesauce (siehe Seite 207)
Granatapfelkerne
Puderzucker

Nährwerte pro Stück: 108 kcal (F 1 g · KH 14 g · EW 2 g)
glutenfrei

1 Für die Küchle die **Äpfel** schälen und das Kerngehäuse mit einem Apfelentkerner ausstechen. Dann waagerecht in 1,5–2 cm dicke Scheiben schneiden. **2** Den Backofen auf 180 °C Ober-/Unterhitze vorheizen und ein Backblech mit Backpapier auslegen. **3** Die **Haferflocken** im Mixer zu Mehl mahlen und in eine Schüssel geben. **Backpulver, Salz, Zucker** und **Zimt** hinzufügen und mit einem Schneebesen vermischen. Dann **Pflanzenmilch** und **Apfelessig** dazugeben und zu einem dickflüssigen Teig verrühren. (Sollte der Teig sehr dick sein, einfach etwas mehr **Pflanzenmilch** hinzufügen). **4** Das **Öl** in einer großen Pfanne erhitzen. Die Apfelscheiben nacheinander in den Teig tauchen, in die Pfanne legen und von beiden Seiten goldbraun ausbacken. **5** Für den Zimtzucker den **Zimt** mit dem **Zucker** vermischen und die Apfelküchle darin wälzen. Dann auf das vorbereitete Backblech legen und 10 Minuten im vorgeheizten Ofen backen. **6** Nach Belieben mit **Nussmus** oder **Vanillesauce** und **Granatapfelkernen** toppen und mit **Puderzucker** bestäuben. Guten Appetit!

Tipps • Wenn man das Rezept mit Weizen- oder Dinkelmehl zubereiten möchte, braucht man 100–120 g Mehl, damit der Teig eine ähnlich dicke Konsistenz bekommt. • Die Apfelküchlein sofort genießen oder nach dem Braten in der Pfanne abkühlen lassen und in einem verschlossenen Behälter im Kühlschrank aufbewahren. Vor dem Servieren wie oben angegeben in Zimtzucker wälzen, im Ofen backen und warm servieren.

ice cream

Wassermelonen-Erdbeer-Eis am Stiel

Zubereitungszeit: 10 Minuten + mind. 4 Stunden Gefrierzeit

Zutaten für 6 Stück
250 g Erdbeeren (TK oder frisch)
250 g Wassermelonenfruchtfleisch
Saft von 1 Limette
etwas abgeriebene Limettenschale
Außerdem
6 Eis-am-Stiel-Formen

Nährwerte pro Stück: 32 kcal (F 0 g · KH 6 g · EW 1 g)
glutenfrei, frei von raffiniertem Zucker

❶ Wenn man **TK-Erdbeeren** verwendet, diese kurz mit warmem Wasser abbrausen, um die Eiskristalle zu entfernen. Frische **Erdbeeren** waschen, entstielen und abtropfen lassen. Große Früchte halbieren. Das **Wassermelonenfruchtfleisch** entkernen und in große Stücke schneiden. ❷ Erdbeeren, Wassermelone, **Limettensaft** und **Limettenschale** in einen Mixer geben und glatt pürieren (oder einen Stabmixer verwenden). ❸ Die Smoothie-Mischung in die Eisformen gießen, dabei zum oberen Rand hin etwas Platz lassen, damit sich die Fruchtmasse beim Gefrieren ausdehnen kann. Dann die Stiele mit Deckeln einsetzen, ins Gefrierfach geben und mindestens 4 Stunden gefrieren, bis die Eismasse hart ist. ❹ Bei Bedarf die Formen ein paar Sekunden unter warmes Wasser halten, damit man die Eisportionen leichter aus der Form nehmen kann. Guten Appetit!

Tipps ● Du kannst für das Eis auch anderes Obst verwenden, zum Beispiel Beeren, Kirschen, Mango oder Bananen.

Probiere als Rezeptvariante Strawberry-Cheesecake-Eis! Hierfür einfach nur 250 g geputzte Erdbeeren pürieren und dann abwechselnd mit 250 g Cashewcreme (100 g Cashewnüsse oder Cashewmus mit 150 ml Kokosmilch aus der Dose und 1 EL Ahornsirup cremig gemixt) in die Eisformen füllen. Statt Cashewcreme passt auch Kokosjoghurt sehr gut, ein anderer veganer Joghurt geht ebenfalls, aber er sollte einen hohen Fettgehalt haben, damit das Eis cremiger wird. Gern auch einen Joghurt mit Vanille- oder Fruchtgeschmack nehmen. Schmeckt sehr lecker!

Butterplätzchen

Zubereitungszeit: 30 Minuten
+ 60 Minuten Kühlzeit
+ 8–10 Minuten Backzeit

Zutaten für ca. 60 Stück
(je nach Ausstechform)

Teig

300 g Weizenmehl Type 405 oder Dinkelmehl Type 630 (oder glutenfreies Mehl) + etwas mehr zum Bestäuben
100 g Puderzucker (oder anderer Zucker)
1 Prise gemahlene Bourbon-Vanille (optional)
1 Prise Salz
200 g vegane Butter, gewürfelt

Zuckerguss

100 g Puderzucker
2–3 EL Wasser oder Fruchtsaft nach Wahl (z. B. Zitronensaft, Orangensaft oder roter Traubensaft)

Nach Belieben zum Dekorieren

bunte Zuckerstreusel oder anderes süßes Topping nach Wahl

Außerdem

Plätzchen-Ausstechformen mit verschiedenen Motiven (z. B. für Weihnachten oder Osterzeit oder beliebige Motive)

Nährwerte pro Stück: 48 kcal (F 2 g · KH 7 g · EW 1 g)
optional glutenfrei (mit glutenfreiem Mehl)

1 Für den Teig **Mehl, Puderzucker, Vanille** und **Salz** in eine große Schüssel sieben. Die gewürfelte vegane **Butter** hinzufügen und alles mit den Händen oder in einer Küchenmaschine zu einem Teig verarbeiten. **2** Anschließend den Teig zu einer Kugel formen, etwas flach drücken, fest in Frischhaltefolie wickeln und etwa 60 Minuten in den Kühlschrank legen. **3** Den Backofen auf 200 °C Ober-/Unterhitze (oder 180 °C Umluft) vorheizen und zwei bis drei Backbleche mit Backpapier auslegen. **4** Den Teig aus dem Kühlschrank holen und auf einer **bemehlten** Arbeitsfläche mit einem **bemehlten** Nudelholz etwa 6 mm dick ausrollen. Mit beliebigen Ausstechformen Plätzchen ausstechen und auf die vorbereiteten Backbleche legen. **5** Den restlichen Teig wieder zusammenfügen, erneut ausrollen und weitere Plätzchen ausstechen, bis der gesamte Teig aufgebraucht ist. **6** Im vorgeheizten Ofen 8–10 Minuten backen oder bis die Ränder der Plätzchen leicht gebräunt und knusprig sind. Anschließend vollständig abkühlen lassen. **7** Für den Zuckerguss den **Puderzucker** in eine Schüssel sieben, Wasser oder **Fruchtsaft** einrühren und die Plätzchen damit bepinseln. Nach Belieben mit **Zuckerstreuseln** oder anderem **Topping** dekorieren und den Guss fest werden lassen.

Tipps • Hier habe ich Weihnachtsmotive ausgestochen, aber du kannst natürlich je nach Saison oder Feiertag aus dem Teig andere Motive ausstechen. • Teig: Den Teig am besten portionsweise ausrollen und den Rest im Kühlschrank lassen, damit er nicht zu warm und weich wird. • Dekoration: Ich habe mich für Zuckerguss und -streusel entschieden. Für eine andere Farbe kann man etwas natürliche Lebensmittelfarbe oder Superfoodpulver unter den Guss rühren. Oder du verwendest einen farbigen Fruchtsaft statt Zitronensaft. Hübsch sieht es auch aus, wenn man mit zwei Gussfarben arbeitet.

Bliss Balls mit Nuss-Nugat-Füllung

Zubereitungszeit: 15 Minuten

Zutaten für 20 Stück

60 g Haselnüsse (oder andere Nüsse nach Belieben)
60 g rohe Cashewkerne (oder andere Nüsse nach Belieben)
160 g entsteinte Soft-Datteln
1 EL Kakaopulver
1 Prise Salz
1–2 EL vegane Nuss-Nugat-Creme

Nach Belieben zum Wälzen

Kakaopulver
Kokosraspel

Nährwerte pro Stück: 70 kcal (F 4 g · KH 7 g · EW 1 g)
glutenfrei

❶ **Haselnüsse** und **Cashewkerne** in einer Küchenmaschine oder im Mixer grob mahlen. Dann **Datteln, Kakaopulver** und **Salz** hinzugeben und zu einer klebrigen Masse verarbeiten. ❷ Aus der Masse 20 kleine Bällchen (à etwa 15 g) formen. Mit einem kleinen Löffel eine Mulde in die Bällchen drücken, etwas **Nuss-Nugat-Creme** hineingeben und verschließen. ❸ Anschließend die Bliss Balls nach Belieben in **Kakaopulver** oder **Kokosraspeln** wälzen.

Tipps • Die Bliss Balls sind auch pur ohne Füllung sehr lecker. • Datteln: Wer keine weichen Soft-Datteln hat, kann normale getrocknete Datteln nehmen und diese 15 Minuten in heißem Wasser einweichen. Danach abgießen und trocken tupfen. • Nuss-Nugat-Creme: Am besten vorher kalt stellen, damit man die Bällchen leichter füllen und verschließen kann. Auch andere cremige Aufstriche oder Erdnussbutter eignen sich als Füllung. • Aufbewahrung: Die Bliss Balls können in einem verschlossenen Behälter locker 1 Woche im Kühlschrank aufbewahrt oder 3 Monate eingefroren werden.

Eierpunsch „Eggnog“

Zubereitungszeit: 5 Minuten + mind. 1–2 Stunden Einweichzeit + evtl. 1–2 Stunden Kühlzeit

Zutaten für 4 Portionen

75 g rohe Cashewkerne
400 ml Kokosmilch (1 Dose)
ca. 100 ml Wasser (oder bis zur gewünschten Cremigkeit)
3 EL Ahornsirup (oder Dattelsirup oder anderes Süßungsmittel; nach Geschmack)
½ TL Vanilleextrakt
1 Msp. gemahlener Zimt + etwas mehr zum Bestreuen
1 Msp. geriebene Muskatnuss

Nach Belieben zum Garnieren
Sternanise
Granatapfelkerne

Nährwerte pro Portion: 358 kcal (F 30 g · KH 17 g · EW 5 g)
glutenfrei, frei von raffiniertem Zucker

1 Die **Cashews** mindestens 1–2 Stunden oder über Nacht einweichen, damit sie weicher werden (oder einfach 10 Minuten kochen, wenn es schnell gehen soll). Danach abbrausen und abtropfen lassen. **2** Alle **Zutaten** in einen Mixer geben und cremig mixen. Abschmecken und bei Bedarf mehr **Gewürze** oder **Süße** hinzufügen. **3** Vor dem Servieren 1–2 Stunden im Kühlschrank kalt stellen (optional). **4** Mit etwas **Zimt** bestreuen und nach Belieben mit **Sternanis** und **Granatapfelkernen** garnieren. Dann servieren und genießen.

Tipps • Der Punsch kann in einem verschlossenen Glas im Kühlschrank bis zu 1 Woche aufbewahrt werden. Vor dem Servieren gut schütteln. • Wer möchte, fügt noch eine alkoholische Komponente (zum Beispiel Rum, Whisky, Weinbrand oder Likör) hinzu. • Die Cashews sorgen für eine cremige Konsistenz, aber man kann stattdessen auch blanchierte Mandeln oder Macadamianüsse verwenden. Für einen nussfreien Punsch Seidentofu oder Sojaquark anstelle von Cashews verwenden oder einfach nur Kokosmilch nehmen. Auch weiche entsteinte Datteln machen sich anstelle von Ahornsirup gut, um das Getränk zu verdicken.

Kürbis-Muffins

Zubereitungszeit: 15 Minuten + 20–25 Minuten Backzeit

Zutaten für 12 Stück

220 g Weizenmehl Type 405 oder Dinkelmehl Type 630 (oder glutenfreies Mehl)
1 TL Backpulver
2 TL gemahlener Zimt (oder Kürbisgewürz)
1 TL Natron
½ TL Salz
150 g Rohrohrzucker (oder anderer Zucker)
300 g Kürbispüree aus der Dose (oder selbst gemacht; siehe Seite 128)
80 ml Öl (z. B. Raps- oder Sonnenblumenöl)
60 ml ungesüßte Pflanzenmilch (z. B. Soja-, Mandel-, Hafer- oder Cashewmilch)
60 ml Orangensaft (oder Grapefruit- oder Mandarinensaft oder etwas mehr Pflanzenmilch + 1 EL Zitronensaft)
2 TL Vanilleextrakt
120 g vegane Schoko-Drops (optional)

Außerdem

12 Papierbackförmchen
12er-Muffinblech

Nährwerte pro Stück: 193 kcal (F 7 g · KH 30 g · EW 3 g)
optional glutenfrei (mit glutenfreiem Mehl)

1 Den Backofen auf 180 °C Ober-/Unterhitze vorheizen und die Papierförmchen in die Mulden des Muffinblechs setzen. 2 **Mehl, Backpulver** und **Zimt** in eine Rührschüssel sieben. Dann **Natron, Salz** und **Zucker** hinzugeben und alles mit einem Schneebesen vermischen. 3 In einem Messbecher **Kürbispüree, Öl, Pflanzenmilch, Orangensaft** und **Vanilleextrakt** verrühren. 4 Dann die Kürbispüreemischung in die trockenen Zutaten gießen und alles kurz mit einem Teigschaber verrühren. Zuletzt noch 80 g **Schoko-Drops** unterrühren. 5 Den Teig gleichmäßig in die Muffinförmchen füllen. Die restlichen **Schoko-Drops** über die Teigoberflächen streuen und im vorgeheizten Ofen 20–25 Minuten backen (oder bis ein hineingestochener Holzspieß wieder sauber herauskommt). 6 Anschließend 10–20 Minuten in der Form abkühlen lassen. Dann die Muffins auf ein Kuchengitter stellen und vollständig auskühlen lassen.

Tipps • Glutenfrei: Du kannst auch eine glutenfreie Mehlmischung 1:1 nehmen. • Schoko-Muffins: Ersetze einfach 3–4 EL Mehl durch Kakaopulver. • Aufbewahrung: Die Muffins halten sich in einem luftdicht schließenden Behälter bei Raumtemperatur etwa 3 Tage und im Kühlschrank bis zu 1 Woche. Vor dem Verzehr kurz in der Mikrowelle erhitzen, dann werden sie wieder schön weich und fluffig. Man kann sie auch gut einfrieren. • Statt Zimt: für selbst gemischtes Kürbisgewürz siehe Seite 61.

Abspann

Der Einkaufs- und Ernährungsassistent für unsere Kochbücher

Abschreiben oder Abfotografieren war gestern Rezepte aus unseren Kochbüchern lassen sich kostenlos auf www.mengenrechner.de an die Personenzahl und individuelle Portionsgrößen anpassen und als E-Mail auf dein Smartphone schicken oder gleich dort aufrufen. Zutaten lassen sich streichen, neue Zutaten ergänzen.

Rezept- und Zutatenfilter Suche zum Beispiel nach veganen, vegetarischen, glutenfreien, laktosefreien Rezepten oder nach Gerichten mit Zutaten, die du noch vorrätig hast. Speichere deine Lieblingsrezepte und Einkaufslisten.

Persönlicher Ernährungsassistent Sortiere Rezepte nach Kalorien, Kohlenhydraten, Fett- oder Eiweißgehalt. Berechne wissenschaftlich deinen täglichen Kalorienbedarf und -verbrauch. Lege Maximalwerte für Kalorien- oder Kohlenhydrataufnahme fest. Führe Tagesprotokolle mit Nährwertbilanz.

Vegane Ersatzprodukte Im Buch habe ich vegane Ersatzprodukte so benannt, dass es einfach verständlich und gut lesbar ist. Die Hersteller geben den Produkten meist fantasievolle Bezeichnungen, da Begriffe wie „Milch", „Sahne", „Joghurt", „Quark", „Butter" und „Käse" etc. im Handel nur für tierische Milchprodukte verwendet werden dürfen.

- Pflanzenmilch wie Sojamilch, Mandelmilch, Hafermilch, Reismilch wird meist „Soja-Drink", „Mandel-Drink", „Hafer-Drink" etc. genannt. Achte darauf, ob das Produkt zuckerfrei ist.
- Pflanzensahne wie Soja- oder Hafersahne wird zum Beispiel als „Soja-Cuisine", „Hafer-Cuisine" oder „Kokos-Cuisine" bezeichnet. Prüfe beim Kauf, ob das Produkt ungesüßt oder gesüßt ist. Und wenn du die Pflanzensahne wie Sahne aufschlagen möchtest, musst du darauf achten, dass das Produkt schlagfähig ist.
- Pflanzenjoghurt wie Sojajoghurt Natur (eventuell Skyr-Style) und viele sojafreie Sorten, zum Beispiel auf der Basis von Mandeln, Cashews, Lupinen, Reis, Hanf oder Kokosnuss, gibt es als „vegane Joghurtalternative", „Kokosghurt" oder einfach „Mandel Natur vegan" zu kaufen. Achte auch hier darauf, ob das Produkt gesüßt ist oder nicht. Es gibt natürlich auch mit Früchten aromatisierte Produkte.
- Pflanzenquark wie Sojaquark Natur (eventuell Skyr-Style) wird unter der Bezeichnung „vegane Quarkalternative aus Soja", „pflanzliche Quarkalternative" oder „vegane Alternative zu Quark" angeboten.
- Vegane Butter: Vegane Butteralternativen und veganer Butterersatz werden unter unterschiedlichsten Markennamen vertrieben und sind oft wie tierische Butter verpackt.
- Veganer Feta, Frischkäse, Reibekäse: Vegane Käsealternativen sind im Handel unter den unterschiedlichsten Fantasie-Produktnamen zu finden.

Infos zu Unverträglichkeiten Alle Rezepte sind laktosefrei. Viele sind auch glutenfrei und/oder frei von raffiniertem Zucker. Dazu findest du beim Rezept einen Hinweis. Einige Gerichte kannst du durch einfaches Austauschen einzelner Zutaten ebenfalls glutenfrei zubereiten, achte dafür auf den Hinweis „optional glutenfrei".

Nährwertberechnung Optionale Zutaten und Zutaten nach Belieben (zum Garnieren und zum Servieren) fließen nicht in die Nährwertberechnung ein.

Register

Du suchst ein ganz bestimmtes Gericht oder nach einer Zubereitungsidee für vorrätige Zutaten? Das Register hilft dir schnell weiter: Alle Rezepte aus diesem Buch und die wichtigsten Komponenten sind hier alphabetisch gelistet.

L

M

N

O

P

R

S

Bereits erschienene Bücher im Becker Joest Volk Verlag

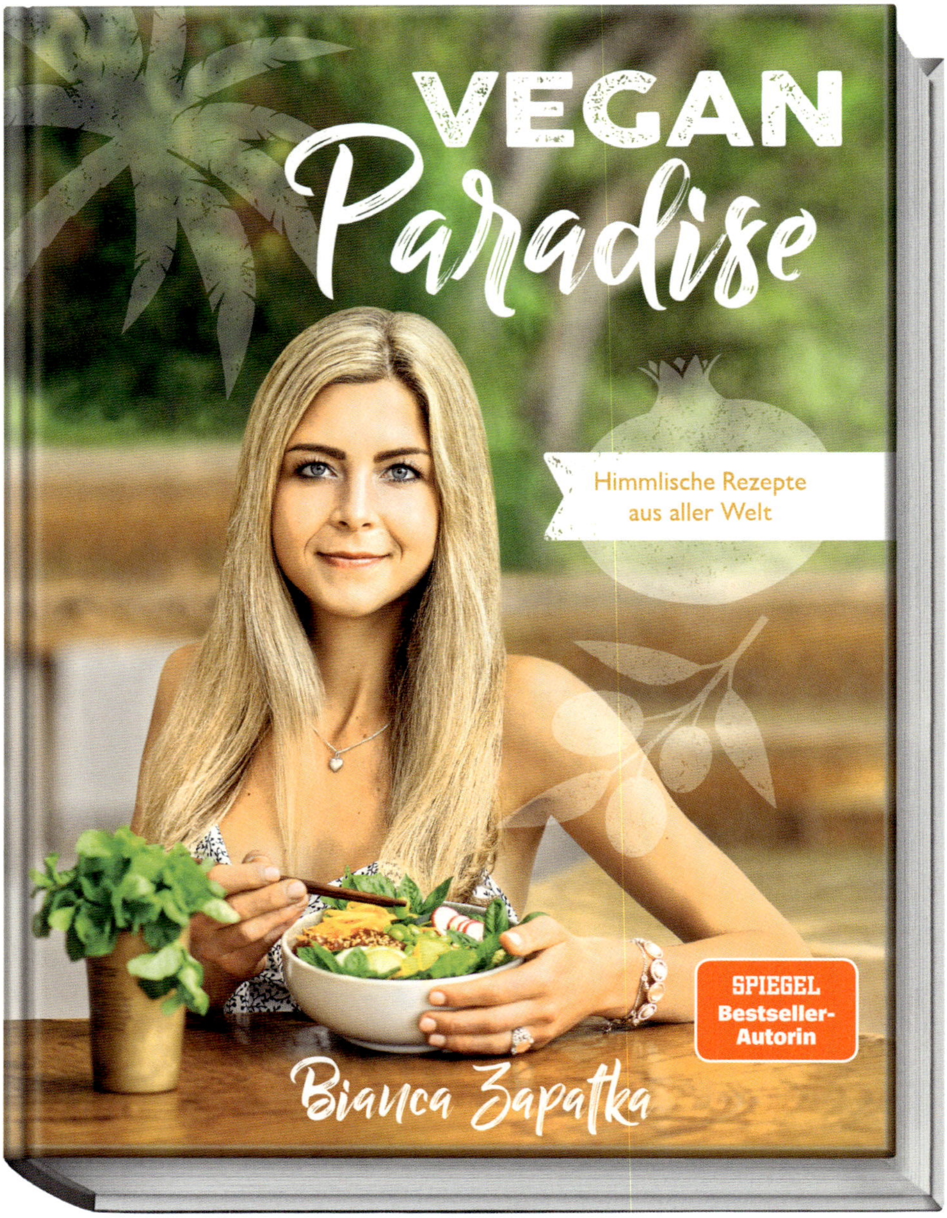

VEGAN PARADISE Himmlische Rezepte aus aller Welt
240 Seiten, 90 Fotos, mit vielen Step-by-Step-Fotos, Format 21 × 27 cm, gebunden,
28,00 EUR (D), 28,80 EUR (A), ISBN 978-3-95453-241-4

Vita

Bianca Zapatka ist Foodstylistin, Fotografin sowie Rezeptentwicklerin und begeistert mit ihren veganen Köstlichkeiten über 750.000 Fans auf Instagram. Ihre Rezepte sind nicht nur für Veganer:innen geeignet, sondern für alle, die gern genießen und den Konsum tierischer Produkte reduzieren möchten.

Um einen gesunden und fitten Lebensstil zu pflegen, begann sie 2013, ihre eigenen Rezepte auf Social-Media-Plattformen zu teilen. Etwas später hat sie ihren Food-Blog www.biancazapatka.com gegründet, um auch dort andere an ihrer Leidenschaft für einfache, gesunde und leckere Rezepte teilhaben zu lassen. Dabei liegt das Augenmerk besonders auf veganen Gerichten mit frischen pflanzlichen Zutaten.

Ihr selbst ernanntes Ziel? Menschen zu einer gesünderen Ernährungsweise zu inspirieren, sodass sie mehr frische Lebensmittel und selbst gemachte Speisen ohne Zusatzstoffe und tierische Produkte in ihre Ernährung integrieren. Sie zeigt, dass es gar nicht so schwierig ist, vieles selbst vegan zuzubereiten. Ihre Gerichte zeichnen sich dadurch aus, dass sie unfassbar lecker schmecken, toll aussehen und auch Nichtveganer:innen überzeugen.

Verlagsdank Bianca, die Liebe, die du in die Entwicklung der Rezepte und das Anrichten steckst, spürt man selbst im kleinsten Detail. Danke für deine Mühen rund um diese wunderbaren Rezeptkreationen und die hinreißenden Fotos. Ganz lieben Dank an Sascha Koglin für die gefühlvollen Porträtfotos beim Insel-Shooting – immer wieder ein Abenteuer! Herzlichen Dank an Şebnem Yavuz für das Rezeptlektorat und an Doreen Köstler für das Schlusslektorat.

Der Verlag dankt allen Beteiligten, die durch ihre Mithilfe und Unterstützung zum Gelingen dieses Buches beigetragen haben. Anne Krause, vielen Dank für die Cover- und Buchgestaltung. Für ihre unermüdlichen Bemühungen um die außerordentliche Qualität danken wir auch unseren Mitarbeiterinnen Valerie Mayer, Ellen Schlüter, Annika Steinacker, Maja Sauvant, Katerina Stegemann und Philine Anastasopoulos.

Impressum

Originalausgabe
Becker Joest Volk Verlag GmbH & Co. KG
Bahnhofsallee 5, 40721 Hilden, Deutschland

2. Auflage November 2022

ISBN 978-3-95453-273-5

Autorin, Food-Fotografie, Foodstyling: Bianca Zapatka
Porträt-Fotografie: Sascha Koglin
Projektleitung: Valerie Mayer
Projektmanagement: Philine Anastasopoulos
Leitung Grafik: Dipl.-Des. Justyna Schwertner
Cover- und Buchgestaltung: Dipl.-Des. Anne Krause
Bildbearbeitung: Ellen Schlüter
Fachlektorat Rezepte: Şebnem Yavuz
Lektorat: Doreen Köstler
Druck: Firmengruppe Appl, aprinta druck GmbH

WWW.MENGENRECHNER.DE
UNSER KOSTENLOSER SERVICE FÜR SIE

Ausführliche Infos
Seite 228

BECKER JOEST VOLK VERLAG
www.bjvv.de